영업주도 조직

영업주도 조직

강한 회사에는 강한 영업 조직이 있다

임진환 지음

쌤앤파커스

CONTENTS

PART 1

휘날리지 않는 깃발에 바람 일으키기
_영업주도 조직 문화 만들기

PART 2

회사가 가려는 길에 '영업의 생각'을 포개다
_기업 전략과 영업 전략 연계하기

PART 3

스스로 결정하는 '영업 엘리트' 시대가 온다
_영업직원 중용하기

PART 6

—————— ✣ ——————

'오늘이 마지막'이라는 생각은 틀렸다
_고객 제일주의

스스로 생각하고,
답을 내는 영업 조직만이 이긴다

경제 발전에 있어 우리나라보다 앞서간 나라들은 대부분 저성장을 겪었다. 미국의 대공황과 서브 프라임 모기지 사태, 일본의 잃어버린 20년 등… 나라마다 기간의 장단과 고통의 고저만 있을 뿐, 이 국가들은 저성장이라는 긴 늪을 지났다. 그리고 지금, 길고 지난한 불황의 벽을 슬기롭게 극복한 국가와 기업들만이 시장에서 살아남았고, 진화와 성공을 이뤄냈다.

우리나라도 그 길에 들어섰다. 1970년대 이후 10%대를 오르내리던 경제성장률에 비하면, 선진국에서 정상 수치로 여기는 3%대의 성장률도 우리에게는 현저히 낮은 수치이기 때문이다. 이제 우리 기업들은 국가적으로 봉착한 저성장의 늪을 극복할 혁신 전략을 고민해야 한다. 원가 절감, 가치 차별화, 시장 세분화 등 여러 가지 경쟁우위의 전략을 내놓고, 이에 대한 세부 전략과 전술을 기획·실행해야 한다. 힘들고 고통스러울 뿐 아니라, 어떻게 될지 확신하기도 어려운 길이다.

기업경영의 목표는 주주에게 이익을 제공하고 지속 가능한 기업을 만드는 것이다. 이에 도달하기 위한 기본은 "잘 만들어서 잘 판다."이다. 기업의 본원적인 기능인 '만드는' 개발과 생산, '파는' 영업이 중요해진다. 긴 저성장을 이미 겪어온 선진국의 기업들은 이 기본을 지켜냈다.

특히 "잘 판다."에 관한 전략과 전술을 체계적으로 실천했다. 저성장과 무한경쟁의 시대에는 재무, 인사, 기획 이전에 생존을 위한 매출과 수익이 가장 중요해지고, 그에 따라 기업의 본원적인 기능인 '영업'이 중요해진다. 미국과 일본의 성공한 기업 CEO는 우리나라에 비해 상대적으로 영업직군 출신이 많다. "잘 판다."에 관한 관심과 투자가 만들어낸 현상이다. 저성장을 극복하기 위해 우리는 "잘 판다."에 온 정성을 쏟아야 한다. 영업에 집중하라는 말이다.

저성장을 슬기롭게 극복하기 위한 방법으로, 2016년 11월에 《영업은 배반하지 않는다》를 출간했다. "어떻게 하면 영업직원이 영업을 잘할 수 있을까?"에 대해 집대성한 책이다. 출간 후, "어떻게 하면 이 책에 정리된 역량 있는 영업직원을 육성하고 개발할 수 있느냐?"에 관한 독자들의 질문이 쏟아졌다. 영업 잘하는 조직을 구축하는 방법에 관한 요구였다.

　독자들의 요구에 나는 "기업이 영업을 잘하는 조직을 갖고 있으면, 저성장 시대 속에서도 굳건히 생존하며 성장해갈 수 있다."라는 가설을 세워보았다. 이 가설을 스스로 증명하는 과정에서 '고성과 영업부서(조직)'만으로는 기업의 성공을 보장받을 수 없다는 결론에 이르게 되었다. 영업 조직의 혁신은 '고객 중심의 영업주도 기업'을 만들기 위한 기초이다. 영업 조직의 혁신만으로는 태생적인 한계가 있다. 영업은 영업 조직(부서)만의 문제가 아닌, 기업의 가장 큰 숙제이자 해결해야 할 과제이기 때문이다. 기업의 과제를 영업 조직 안에서만 풀려고 한다면 당연히 해결책은 나오지 않는다.

　나는 오랫동안, 기업 전략에 고객의 니즈가 가장 중요한 요소로 받아들여지는 기업, 최고의 고성과 영업 조직을 갖춘 기업, 영업직원을 중용하는 기업에서 근무했다. 입사 시 영업직으로 시작한 직원이 장래 본사 CEO가 되는 IBM, 기술직으로 시작한 직원이라 하더라도 반드시 영업부서에서 그 역량과 가능성을 입증해야 CEO가 될 수 있는 삼성전자와 같은 글로벌 기업에서 실무 담당자로, 중역으로, 영업 현장에서 뛰고 진두지휘하는 경험을 쌓았다. 이를 통해 '고객 중심의 영업주도 기업'이 가진 DNA가 무엇인지 직접 체득할 수 있었다.

　B2C영업 전문 기업으로 출발한 삼성전자에서 B2B영업 조직을

처음 기획하고 발족시키는 과제를, 당시 B2B미래전략 TF장을 맡아 성공적으로 해냈다. 아울러, 최근 몇 년간 영업에 대한 공부를 지속적으로 수행해, 몇 편의 논문과 저서를 출간하고 학위를 취득했다. 고객 중심의 영업주도 조직을 만들고 그 안에서 생활했을 뿐 아니라, 이를 기반으로 영업 연구를 함께 연계하는 행운을 누렸다.

이 책은 삼성전자, IBM, HP, 한화에서의 내 경험과 이에 대한 이론과 연구를 종합해 '고객 중심의 영업주도 조직'에 관해 집필한 것이다. 현장 실무 경험과 이론을 종합해, 영업 조직의 문화, 리더십, 조직 전략, 선발과 교육, 동기부여, 성과 관리 등 조직이 갖추어야 할 요소를 6가지 전략(6S)으로 정리했다. 이 6가지 전략은 기업 전체가 해야 할 일과 영업부서가 해야 할 일로 나뉜다. 앞에서 논의한 바와 같이 '고객 중심의 영업주도 기업'은 영업부서만이 아닌, CEO를 포함한 기업 전체가 만들어야 하기 때문이다. 기업 전체가 해야 할 일은 영업주도 조직 문화 만들기(Sales Centric Culture)와 기업전략과 영업 전략 연계하기(Sales & Corporate Strategy), 고객 제일주의(Supporting Customer Orientation)이며, 영업부서가 주로 해야 할 것은 영업식원 중용하기(Sales Force)와 탁월한 영업 조직 만들기(Sales Organization), 영업 윤리 지키기(Sales Ethics)이다.

이 구분은 내 현장 경험을 기초로 했고, 그 내용 역시 현장 경험을 바탕으로 한 연구와 이론을 접목한 것이다. 또한 이를 먼저 경험한 선진국의 사례를 가미해 이해를 높이고자 했다.

이 책의 첫 번째 대상은 기업 내 모든 분야 임원과 관리자, 직원이다. 고객 중심의 영업주도 조직은 영업부서의 목표가 아닌 전사적 차원의 목표이다. 문화를 만들고 협업하고 전략을 연계하고 고객 제일주의를 적용해, 모든 부서가 함께 가야 할 혁신 전략이다. 이 책을 통해 인사, 재무, 마케팅, 기획 등 기업의 전 부서가 함께 공유해야 하는 문화와 혁신 방법을 알 수 있다.

두 번째 대상은 영업주도 조직으로 혁신하려는 경영진과 일선 영업관리자 그리고 더 나은 미래를 꿈꾸는 영업직원이다. 이 책을 통해 경쟁사에 질 수 없다는 자존심으로 무장한 영업 전사를 육성하고 고객 중심의 영업주도 조직을 만드는 혁신 방법과 전략에 관해 이해할 수 있다.

세 번째 대상은 영업에 관해 전혀 가르침을 받지 못하고 있는 학생들이다. 장기간 어려운 시기를 겪어 영업의 중요성을 잘 알고 이에 적극적으로 투자하고 있는 미국은 많은 대학에서 영업을 가르치고 연구한다. 미국은 대졸자의 20%가 영업 업무로 직장생활을 시작한다. 이는 우리나라도 비슷할 것이다. 경희대 박찬욱 교수의《고객관계 구축을 위한 영업관리》에서 추산한 자료에 의하면 우리나라 영업직 종사자는 줄잡아 700~800만 명 이상이다. 아마도 경영학과 졸업생들이 가장 많이 진출하는 마케팅 분야 종사자 수의 최소 10배가량 될 것이다.

그럼에도 우리나라 대학에는 영업을 가르치는 학부가 없다. 안타까운 일이다. 현장에서 가장 크게 요구되고 있는 업무에 대한 대학 교육이 없는 것이다. 입사하자마자 영업 업무를 시작하는 신입사원들의 대다수가 짧은 교육 후 곧바로 선배들에게 맡겨지는 것은 안타까운 현실이다. 미래에 어떤 직능보다 중요할 영업에 관심이 있는 학생들에게 이 책이 조금이나마 도움이 되었으면 하는 바람이다.

영업주도 조직이란, 영업직원과 영업부서가 쥐락펴락하는 기업을 말하는 것이 '절대로' 아니다. 고객의 니즈를 만족시키는 일선의 영업 기능이 최우선시되고, 기업의 전략이 고객 중심 전략으로 운영되는 문화를 가진 기업이 바로 영업주도 조직이다. 결국 영업주도 조직은 고객을 기반으로 한 영업 중심적 조직이자 고성과 기업, 이기는 기업, 영업 윤리를 지키는 기업이다.

이 책의 6가지 혁신 전략 역시 전 직원의 실행을 통해서만이 그 힘을 발휘할 수 있다. 영업주도 조직이 되기 위해 위의 모습을 성실히 실행한다면, 결과적으로 영업부서는 신입사원이 입사해 1순위로 가고 싶은 부서가 될 것이다. 또한 각 부서의 4~5년차 인재들이 영업 업무를 경험하고 싶다며, 혹은 영업부서로 전환하기를 원한다며 부서 이동을 꿈꿀 것이다. 내 기업에 이러한 움직임이 있다면 그 기업은 위의 6가지 구성 요소를 바탕으로 '고객 중심의 영업주도 기업'으로 잘 가고 있는 것이다.

지금부터 저성장 시대, 무한경쟁 상황에서 기업이 성공하는 전략인 '고객 중심의 영업주도 기업'의 모습(6S)에 관한 여정을 시작하겠다. 영업주도 조직으로의 혁신과 변화로 시장에서 생존을 넘어 성공을 쟁취하는 진짜 방법을 모색해보자.

PART 1.

휘날리지 않는 깃발에 바람 일으키기

영업주도 조직 문화 만들기

Sales Centric
Culture

———

훌륭한 일선 관리자를 선발하지 못하고, 제대로 훈련시키지 않으면 조직의 미래는 없다. 잘 키운 리더가 있어야 고객 중심의 영업주도 조직도 만들 수 있고, 그 문화를 확립해 지속할 수 있다.

"부장님! B경쟁사에게 질 수도 있다는 생각을 하니 잠이 안 옵니다. 이건 제가 우리 회사의 영업직원으로서 자존심이 허락을 안 합니다. 모든 전략과 전술을 고민해서 반드시 이기겠습니다."

이처럼 시장에서 반드시 이기겠다는 승부욕이 모든 영업직원의 최상위 가치가 되는 문화를 만들어야 한다. 또한 이러한 이기는 문화를 제대로 이해하고 유지·발전시킬 수 있는 사람을 리더로 선발하고, 체계적인 프로그램으로 육성해야 한다. 그들을 통해 고객이 우선시되는 정서, 책임감 있게 공부하고 협업하며 소통하는 문화를 전 직원이 공유할 수 있도록 만들어야 한다. 영업직군을 기업의 자원으로 대우하고 그들의 자존감을 세울 수 있도록 진정으로 도와야 한다. 이러한 문화를 기업 내 모든 부서의 리더들이 이해하고 만들어갈 때, 시장에서 이기는 것은 물론 기업은 궁극적인 성장을 하게 된다.

1

다가올 문제를
예측하는 리더가 되라

영업에 있어서 리더십이란

기업의 전략은 경영진에 의해 결정되고, 관리자를 통해 전 직원에게 전파, 실행된다. 즉, 시장의 변화를 예측하고 이를 바탕으로 기업의 성공 전략을 세우는 경영진과 이 전략을 직원들에게 제대로 전달하고 실행하도록 하는 일선 관리사가 조화롭게 리더십을 발휘할 때 기업의 성공이 보장된다.

요즘처럼 텔레마케팅이 활성화되기 전의 일이다. HSBC은행의 마케팅부서에 텔레마케팅팀장이 새로 부임했다. 새로 발령받은 텔레마케팅팀장은 인터넷마케팅 업무도 함께 맡아, 회사의 대면 채널 외에도 다양한 채널 전략을 수립하고 운영하는 업무를 총괄하게 되었다. 원래 텔레마케팅팀의 주 업무는 인터넷과 전화로 오는 고객들의 문의에 대응하는 일이었고, 그렇다 보니 텔레마케팅팀은 암묵적으로 오래 근무한 고참들이 들러 잠시 쉬는 부서 정도로 여겨졌다. 새로 부임한 팀장 역시, 이전 팀장으로부터 "잠시 쉬어간다고 생각하라."는 이야기를 들었다. 하지만 그는 매번 그런 식의 태도로 임하는 팀장들 때문에 텔레마케팅팀원들의 사기가 무력해졌음을 알았다.

새 팀장은 부서를 활동적으로 만들어야겠다는 다짐을 했다. 인터넷을 통한 캠페인마케팅을 기획하고 아웃바운드 텔레마케팅(타깃 고객에게 전화마케팅을 하는 적극적인 텔레마케팅)과 연계해, 이를 고무시키기 위한 인센티브 제도도 도입했다. 아울러 장기적인 팀의 발전을 위해 시스템과 프로세스를 정비했다. 1년 후, 텔레마케팅팀은 직원들이 목표 달성을 위해 역동성을 보이는 적극적인 조직으로 탈바꿈했고, 프로세스혁신팀으로 아시아태평양 지역 최우수상을 받았다.

이처럼 부서의 리더가 바뀌면 성과가 달라지고 직원 만족도에 큰 차이가 나타난다. 리더십의 변화는 조직 전체의 성과와 동기부여에 큰 영향을 미치며 탁월한 리더십은 성공적인 기업의 필수요소이다.

리더십이란, '특정한 목표와 목적을 달성하기 위해서 커뮤니케이션 프로세스를 통해 다른 사람들에게 영향력을 행사하는 것'이다. 리더십은 단순히 관리하고 감독하는 것과는 다르다. 가치 있는 목적을 달성하기 위해 다른 사람의 행동에 영향을 미치거나 그를 고무시키기 때문이다. 개인별 리더십 스타일도 천차만별이지만, 훌륭한 리더십은 몇 가지 공통된 특징을 가지고 있다. 좋은 리더는 단지 현재의 문제에만 대응하지 않고 다가올 문제를 예측한다. 부하직원이 바람직한 방향으로 업무를 수행할 수 있도록 다양한 전략을 구사하며, 다른 사람들이 자신의 의견을 따르도록 하는 설득력을 가지고 있다.

이러한 리더십이 영업 조직에 적용될 때 이를 '영업 리더십'이라고 한다. 영업 리더십은 영업직원이 수행한 모든 활동을 포함해, 영업 조직 및 기업의 이익을 위한 공동 목표를 달성하도록 한다. 또한 영업직원 및 타 부서 직원에게까지 영향을 미친다. 영업 리더십은 영업직원이 기업의 성공에 기여할 수 있도록 행동하는 데 영향을 미칠 수 있다. 리더십 있는 일선 영업관리자와 경영진은 영업직원이 스스로 기업과 자신의 목표를 위해 최선을 다할 수 있도록 영향력을 행사한다. 영업 리더십은 일선 영업관리자와 CEO를 포함한 영업중역의 조화를 통해 완성된다. 이것은 기업의 이윤 추구와 기업의 영속성에 크게 기여한다. 이렇듯 일선 영업관리자와 경영진의 리더십은 최근 어려워진 기업환경에서 그 중요성이 너욱 커지고 있으며, 훌륭한 영업 리더십을 개발하는 것이 기업의 큰 과제가 되고 있다.

이끄는 자와 관리하는 자

범위 측면에서 영업 리더십은 두 분류로 나눌 수 있다.

영업직원과 직접 접촉하며 관리하는 일선 영업관리자, 영업직원의 행동과 마음가짐을 간접적으로 관리하는 상위 직급의 경영진 즉, 중역과 CEO이다. 일선 영업관리자는 직접 영업을 수행하는 영업직원의 관리자로서 담당 영업팀 직원들의 조직 분위기를 만든다. 영업팀 내 영업관리 프로세스를 계획하고 실행하고 통제하며, 항상 현장에서 뛰고 있는 영업직원의 주장이자 선배로서 이들을 섬기고 지휘, 감독한다. 타 부서의 일선 관리자와 달리, 외근이 잦고 현장에 가 있는 시간이 많은 영업직원에게 동기를 부여하고 회사의 전략을 이행시켜야 하기에 많은 노력이 필요하다.

경영진은 전사 영업 조직을 관할하거나 혹은 일선 영업팀의 상위 조직인 사업부를 총괄한다. 조직의 비전과 가치를 제시하고 문화를 창출해 변화를 주도하며, 비즈니스 가이드라인을 확립하는 큰 단위의 영업 리더이다. 이들은 전체 영업 조직의 영업관리 프로세스와 시스템을 기획하고 실행하고 통제한다. 영업중역을 포함해 CEO까지 이에 해당한다.

행동 양식으로 영업 리더십을 구분할 수도 있다. 이때는 리더와 관리자로 나눈다. 리더는 조직을 이끈다(Lead)는 의미, 관리자는 조직을 관리(Manage)한다는 의미로 리더십의 행동 양식을 구분하는 것이다. 영업의 리더는 신뢰와 비전 제시를 바탕으로 핵심 가치와 문화를 확립하며 조직원이 목표를 달성하고 성장하며 발전할 수 있도록 돕는다. 아울러 시장의 변화에 대처하고 미래에 대한 현실적인 비전을 제시해 변화의 분위기를 조성하는 것이 리더이다. 한편, 관리자는 단기적인 효율성이라는 측면에 더 집중해 업무를 처리하고 일상적인 영업직원의 행동을 관리한다.

리더	관리자
조직을 혁신한다	조직을 관리한다
조직의 역량을 발전시킨다	조직의 역량을 유지한다
조직원이 하고 싶은 것을 하도록 도와준다	조직원을 통제한다
'무엇'을 하고 '왜' 하는지를 질문한다	'어떻게' 하고 '언제' 하는지를 질문한다
장기적인 관점으로 접근한다	단기적인 관점으로 접근한다
현재의 상황에 도전한다	현재의 상황을 받아들인다
올바른 가치를 추구한다	올바르게 일을 처리한다

리더십에 대한 연구 논문에 의하면, 보스가 관리자의 행동보다 리더의 행동을 보일 때, 영업직원은 업무에 대해 더 적극적인 자세를 보이고 더 크게 몰입하며, 스트레스가 적고 더 나은 성과를 보인다.

하지만, 리더의 행동과 관리자의 행동이 명확하게 구분되는 것은 아니다. 리더십의 범위에 따라, 혹은 상황에 따라 리더의 행동과 관리자의 행동을 적절하게 배합하는 것이 중요하다. 일선 영업관리자는 관리자의 행동 양식에 비중을 두되, 영업중역, CEO로 올라갈수록 리더의 행동 양식으로 그 범위를 넓혀가야 한다. 영업중역이 매번 영업직원의 일상을 관리한다든가 혹은 일선 영업관리자가 늘 비전만 제시하고 영업직원의 일상 업무를 코치해주지 못한다면, 그 영업 조직은 성과를 내기 어렵다.

2

지시하는 감독이 아닌,
함께 뛰는 주장으로

역량이 탁월한 영업직원은 영업주도 조직의 성공을 위해 반드시 필요한 자산이다. 또한 훌륭한 일선 영업관리자는 더 중요한 자산이다. 역량이 부족한 영업직원이 있는 기업은 담당 고객 혹은 담당 지역의 시장점유율 정도를 잃게 되지만, 역량이 부족한 일선 영업관리자가 있는 조직은 관리자가 책임지고 있는 담당 고객군 혹은 담당 시역 전체의 시장을 놓치게 된다. 이런 영업관리자가 담당하는 팀의 영업직원들은 보스의 가이드를 받을 수 없으며, 동기부여가 되지 않아 역량 또한 증진되지 못하고, 회사를 떠나기도 한다.

영업직원과 직접 교류하는 일선 영업관리자는 영업 조직에서 가장 중요한 역할을 수행한다. 경영진의 지시와 방향성, 회사의 비전과 전략은 실제 영업을 수행하는 영업직원과 먼 거리에 있다. 이를 현장에서 구체적으로 실행하는 매개자는 일선 영업관리자이다. 영업직원이 생각하고 느끼는 회사는 곧, 매일 매일 소통하는 관리자다. 우수한 일선 영업관리자는 회사의 전략을 현장에 맞게 제대로 수행한다. 또한 평범한 영업직원을 베테랑으로 변화시킬 수 있으며 단순한 영업 전략으로 탁월한 실적을 낼 수도 있다. 반면에 역량이 모자라는 영업관리자는 좋은 전략으로도 성과를 내지 못하며, 우수한 영업직원을 저성과자로 전락시키고, 심지어 이직하게 한다.

IBM에서 영업을 시작한 지 5년차쯤 됐을 무렵이었다. 당시 나의 보스는 훌륭한 일선 영업관리자의 정석이었다. 영업팀의 동기부여를 항상 고민하고 젊은 영업직원을 가르치는 대신, 스스로 생각하고 결정할 수 있도록 도와주었다. 고객을 함께 만나고, 팀의 전략을 함께 만들고, 큰형으로서, 주장으로서 솔선수범하는 영업역량을 가진 분이었다. 어느 날, 옆 부서 동료가 내게 말했다.

"자네 말하는 스타일까지 김 부장님을 닮아가네!"

신생아가 부모로부터 말하기와 걸음걸이 등 모든 것을 배우는 것처럼, 훌륭한 일선 관리자를 가까이에 둔 영업직원은 그의 모든 것을 모방하고 학습하게 된다. 일선 영업관리자는 회사의 전략을 이행하고 성공시키는 매개체로서 중요할 뿐만 아니라 제2, 3의 훌륭한 관리자를 양성하는 중간 단계로서도 매우 중요한 것이다. 영업직원의 역량 개발에 투자하는 것뿐만 아니라, 자질을 갖춘 일선 영업관리자를 선택하고 그들을 육성하는 데 더 많은 투자를 해야 하는 이유이다.

첫째가 고객, 둘째는 회사

영업직원의 첫 번째 미션은 고객을 위해, 고객의 니즈를 이해하고 만족시키는 것이다. 두 번째 미션은 회사를 위해, 회사의 매출과 이익 목표를 달성하고 시장의 정보를 취합해 마케팅팀과 개발팀에 전달하는 것이다.

반면 일선 영업관리자의 미션은 첫째, 고객을 위해 둘째, 회사를 위해 셋째, 영업직원을 위해 일하는 것이다. 3가지 역할은 각각 고객 매니저, 비즈니스 매니저, 피플 매니저로 정의할 수 있다.

고객 매니저로서는 첫째, 영업팀의 고객 관리 계획을 개발한다. 둘째, 주요 고객 인맥을 관리한다. 셋째, 크고 복잡한 수주를 이끌어 낸다. 넷째, 영업직원이 기회를 잘 잡을 수 있도록 지원한다. 다섯째, 영업직원이 적절한 단계의 영업 프로세스를 진행할 수 있도록 도와준다.

비즈니스 매니저로서의 역할은 첫째, 본사의 전략을 현장에 연결하는 역할로 인력을 관리하는 것이다. 더불어 타 부서와 소통하고 본사 전략을 현장에 맞게 조정하며 회사의 문화와 정책을 실행한다.

둘째, 현장의 소리를 본사에 알려주는 역할이다. 시장의 정보를 마케팅팀과 개발팀에 연결하는 창구 역할을 수행하고, 실적을 보고하고, 본사와의 내부 행정 업무를 수행한다. 셋째, 정기적인 영업회의와 워크숍을 주관한다. 영업회의와 워크숍은 기본적으로 교육훈련을 수행하고, 전략을 만드는 것이다. 또한 동기부여 프로그램을 실행하고, 실적 달성 축하행사와 같은 영업팀의 즐거운 이벤트를 주관한다.

어느 사업부에 젊은 사업부장이 외부에서 영입되었다. 본사의 새로운 성장 엔진을 만들고 수행하기 위해 선발된 임원이었다. 이 사업부에는 이미 일선 영업관리자가 여럿 있었는데, 그중 한 영업관리자는 회사가 변화하려는 움직임을 못마땅해하고 있었다. 게다가 외부에서 젊은 임원이 이 사업을 위해 온 것도 마음에 들지 않았다. 새로 온 임원이 신규 사업계획을 완성하고 그 계획에 입각해 매주 진척상황을 검토하는 회의를 주관했다. 변화가 싫은 기존 관리자는 매번 임원과 미팅을 한 후, 자신의 영업팀 직원들을 불러 따로 실행 미팅을 했다. 그런데 직원들과의 미팅에서 사업부의 전략을 전달하고 실행시키는 것이 아니라, 불만만 토로하는 식이었다.

"새로 오신 사업부장이 뭘 잘 모르고 이런 전략을 세웠어. 우리는 우리가 하던 대로 우리 계획을 다시 짜고 그대로 하자고. 여러분들도 알지? 외부에서 온 임원이 얼마 못 간다는 것을. 그리고 저분은 우리 진급이나 평가에 큰 영향도 못 미칠 게 분명해! 전임 임원의 생각이 맞는 것 같아. 그분 생각대로 우리는 우리의 길을 가자! 단, 보고는 보스가 생각하는 방향대로 만들어! 자, 이제 우리는 우리의 길을 가고, 보고는 저분 뜻대로 하는 거야! 모두들 파이팅!"

비즈니스 매니저로 빵점인 일선 영업관리자이다. 새 사업부장은 자신의 전략이 잘 실행되고 있는 줄 알 것이다. 보고는 제대로 되고 있으니까 말이다. 아마도 이 임원이 현장의 영업직원과 소통 없이 일선 관리자를 통해서만 일을 한다면, 사업이 잘못된 후에야 일선 관리자가 비즈니스 매니저로서 심각한 문제가 있다는 것을 알게 될 것이다. 전략의 중간 매개체로서, 비즈니스 매니저로서, 일선 영업관리자의 잘못된 의도는 사업과 회사를 망칠 수 있을 정도로 큰 충격이 될 수 있다.

피플 매니저로서의 역할은 첫째, 영업주도 조직의 가장 중요한 자산인 훌륭한 영업직원을 채용한다. 둘째, 영업팀이 성공할 수 있도록 영업직원을 코칭하고, 개발해 베스트 영업팀으로 만든다. 셋째, 솔선수범으로 팀의 신뢰를 얻고 영업직원에게 긍정적인 영향을 행사해 팀을 통솔한다. 넷째, 원활한 영업 활동을 위해 영업팀 내부 일상 업무를 잘 관리한다. 다섯째, 영업팀의 성과에 대한 무형 및 유형의 보상을 공정하고 정확하게 처리한다. 여섯째, 올바르고 따뜻한 영업직원이 되도록 가이드를 제공하고 이를 돕는다. 특히 영업직원의 윤리적 행동은 신뢰 기반의 장기적인 관계를 만들어내고, 이를 통해 고객가치를 창출한다. 영업직원의 윤리적 행동을 관리하고 장려하는 것은 직원의 궁극적인 성장과 회사의 발전을 위해 반드시 필요한 일선 영업관리자의 역할이다.

일선 영업관리자는 팀의 주장이다. 감독이 아니다. 영업직원과 함께 영업 활동도 직접 수행하고 본사와 연결고리도 되어야 한다. 무엇보다 영업주도 조직의 가장 중요한 자산인 영업직원의 사기를 올려주고 개발과 육성을 통해 미래의 더 큰 자산으로 준비시켜야 한다. 이들은 큰형 같아야 한다. 영업직원 위에 군림하고 통제하려 하는 일선 영업관리자는 조직에 해를 끼친다.

영업직원일 때는 성공가도를 달리다가 관리자가 되면서 저성과자가 되는 경우가 종종 있다. 물론 시장환경이 변해 영업 목표를 채우지 못한 고객 매니저, 비즈니스 매니저로서의 역할이 미흡했을 수도 있다. 그러나 대부분의 경우, 피플 매니저로서의 역할을 제대로 수행하지 못할 때 저성과자가 된다. 현장에서 영업을 수행할 때 많이 접하기 힘든 것이 피플 매니저의 행동 양식이기 때문이다. 솔선수범하지 않고 통제하려고 하다 보니, 영업직원들은 보스에게 마음을 열지 않고 소극적인 자세로 일하게 된다.

한 설문 조사에 의한 '영업직원이 느끼는 나쁜 일선 영업관리자의 행동'을 정리해보았다. 앞에서 영업관리자의 역할에 대해 크게 3가지 틀을 정의했지만, 현장에 있는 영업직원이 느끼는 영업관리자의 역할은 지극히 '상식'적인 것임을 알 수 있다. 진정으로 영업 조직에 기여하는 일선 영업관리자가 되고 싶다면, 회사에 큰 도움이 되는 영업관리자를 키우고 싶다면, 상식적인 영업관리자를 육성하면 되는 것이다. 영업관리자는 아래의 나쁜 영업관리자의 행동과 반대되는 행동을 하고, 회사는 그런 상식적인 영업관리자를 육성하면 된다.

"일관성이 없다."

"우유부단하고 책임을 회피한다."

"배려심이 없다."

"불공평하고 편애를 한다."

"과격하다."

"정치적이다."

"정직하지 못하고 윤리적이지 않다."

"내 말을 잘 듣지 않고 소통하지 않는다."

"통제만 하고 독재적이고 폐쇄적이다."

"팀을 혹사한다."

"게으르고 변덕스럽고 언제나 부정적이다."

"끊임없이 협상 한다. 내가 관리자로부터 무엇인가 얻고 싶으면 매번 무언가 포기해야 한다."

솔선수범하며 함께 뛰는 주장이 되라

영업직원은 매일매일 힘겨운 전투를 치른다. 회사의 궁극적인 목적인 매출과 이익을 만들어내는 '시장의 첨병'이기 때문이다. 전투병의 하루하루를 보는 사람은 임원도 아니고 사장도 아니다. 그들과 전투의 일상을 함께 보내는 사람은 일선 영업관리자이다. 그래서 영업직원의 사기를 책임져야 하는 일선 영업관리자는 제대로 교육받은 훌륭한 인재여야 한다. 회사는 영업관리자 교육에 영업직원 교육보다 더 많은 투자를 해야 한다. 영업직원의 영업역량을 증진시키는 것뿐만 아니라, 그들의 사기를 올리고 동기부여를 도울 수 있는 교육을 해야 하기 때문이다.

일선 영업관리자는 감독이 되면 안 된다. 영업직원과 함께 뛰는 주장이 되어야 한다. 솔선수범하는 주장이 되어야 한다. 관리는 그 위의 경영진이 하면 되는 일이다. 일선 영업관리자는 영업직원에게 즐거움을 주고 고충과 필요한 것을 듣고 도와주어야 한다. 치열한 전투 상황에서도 영업직원들이 어떻게 하면 기꺼이 즐거운 마음으로 임할 수 있을지 고민해야 한다.

최근에 한 선배가 중견 그룹사의 회장님 밑에서 일하는 것이 참 어렵다는 불평을 했다. 그 회장님이 가진 의심, 욕심, 변심 때문이란다. 이 3가지 마음이야말로 일선 영업관리자가 가지면 안 되는 것임을 바로 깨달을 수 있었다.

일선 영업관리자는 영업직원을 의심하지 말아야 한다. 외근을 나가면 고객에게 갔을 것이라고 생각해야 한다. 사우나에 갔을 것이라고 의심하면 안 된다. 영업관리자는 내 욕심을 차리면 안 된다. 영업직원이 욕심을 가질 수 있게 해야 한다. 내가 가질 성과급을 직원에게 넘겨줄 줄 알아야 한다. 변심을 해서도 안 된다. 고민하고 보고한 영업 전략은 심사숙고해서 함께 결정하고, 결정한 뒤에는 직원과 함께 밀고 나가야 한다. 이런 일선 영업관리자가 되어야만 영업직원이 전투를 잘 치르고 살아남아 승리한다.

3

영업 지휘관은
무엇으로
살아야 하는가

영업중역의 리더십은 사업부나 영업 조직, 크게 보아서는 기업 전체를 이끄는 리더십이다. 이는 영업 조직의 비전과 전략을 제시하고 미래를 준비해야 하는 중요한 리더십이기도 하다. 특히 최근 전 세계적으로 저성장 기조에 접어들고 있는 시장환경에서 기업의 단기적인 성과뿐만 아니라, 중장기적인 미래를 준비하는 양손잡이 리더십을 필요로 하고 있다.

나는 국내외 유수의 글로벌 기업에서 오랜 현장 경험을 통해 다양하고 차원 높은 영업중역의 리더십을 직접 겪었다. 100년이 넘게 전 세계인으로부터 존경받는 미국 글로벌 기업과 높은 브랜드 순위를 차지하고 있는 국내 글로벌 기업, 미국 스타트업의 시초라고 할 수 있는 기업 등 성공 신화와 역사를 지닌 기업의 유능한 보스와 함께 일할 수 있었기 때문이다.

경영진의 리더십에 관한 수많은 연구와 이론, 그리고 나의 현장 경험을 종합하여 기업의 미래가 달려 있는 영업중역 리더십을 5가지로 정리해보았다.

이기적 리더십

영업중역의 1차 목표는 기본적으로 그해 계량적인 목표를 달성하는 것이다. 첫째, 매출과 이익, 시장점유율, 성장률 등 비즈니스 측면의 재무 목표를 달성해야 한다. 둘째, 고객 만족도를 포함한 고객에 대한 계량적인 목표를 달성해야 한다. 셋째, 직원 만족도와 같은 직원에 대한 계량적인 목표를 성취해야 한다. 이외에도 미래에 대한 준비를 계획적으로 하는 것이 영업중역의 2차 목표이자, 주요 성과 지표이다. 예를 들면 영업직원의 채용 및 개발, 공정한 성과 및 보상 관리, 영업 윤리 확립, 후임자 개발, 미래 사업 발굴 등이다.

이렇게 다양한 영업중역의 매년 목표 중 가장 단기적이며 반드시 달성하도록 종용받는 것은 매출과 이익에 관련한 재무 목표이다. 이 목표를 달성한 영업중역은 보통 기업에서 생존하기 위한 필수적인 것을 수행했다고 볼 수 있으나, 기업의 목표는 지속성에 있기 때문에 당시 재무 목표만을 달성했다고 해서 리더십을 제대로 발휘했다고 보기 어렵다. 특히 영업 조직의 성장을 위한 영업직원의 채용과 육성, 가능성 있는 영업중역 후임자의 역량 개발은 꼭 필요한 부분이다.

그런데 가능성 있는 후임자를 두고 개발시키는 것이 아니라, 후임자를 자신의 경쟁 상대로 인식하고 낙오시키려는 리더들이 종종 있다. 그들은 후임자에게 과다한 목표를 주는 등의 행동으로 그들의 사기를 떨어뜨리고, 의도적으로 주요 의사결정에서 배제시키는 등 자신의 영업중역 역할을 지속하기 위해 옳지 못한 행동을 일삼는다. 보통의 경우, 기업의 감사 등 견제 기능을 통해 이런 중역을 걸러내긴 하지만, 그가 조직 내에서 힘이 막강한 경우, 이를 알면서도 막지 못하는 경우도 있다. 이는 가장 초보적인 리더십으로, 이기적인 영업 리더십에 해당된다.

이러한 이기적인 영업 리더십이 지속될 경우, 표면적으로는 사업이 제대로 진행되어 보일 수 있으나 리더십의 승계 과정에 많은 부작용이 생긴다. 기업 전체 차원에서 후임 중역이 길러지지 않기 때문에 외부에서 전문가를 수혈해야 하는 경우도 있고, 제대로 육성되지 않은 내부 인력이 중역에 오르는 경우에는 조직이 제자리를 찾기까지 시간이 꽤 필요하다. 또한 내부 직원들이 영업중역의 잘못된 행동을 따라 가기도 한다. 이런 경우, 영업직원이나 영업관리자는 탁월한 역량을 개발하는 대신, 영업중역과의 관계에만 집중하는 부작용도 생길 수 있다. 성과보다 관계를 지향하는 조직 문화가 생성될 수 있고 이렇게 변질된 조직의 미래는 밝지 못하다.

강압형 리더십

한 고위 영업중역이 자신에게 보고하는 아래 중역에게 충고를 한다.

"장 상무, 영업직원들은 편하게 놔두면 안 돼. 무슨 일을 하는지, 어떻게 하는지를 항상 주시하고 관리해야 해. 관심을 가지지 않고 자유방임으로 놔두면 목표치만 대충 맞추는 척하고 놀 거야. 직원들은 호되게 혼내고 진을 빼서 기진맥진하게 만들어야 해! 그래야 딴 생각 안 하고 일만 열심히 하게 되는 거야!"

항상 공포 분위기를 조성하고 주간 영업회의 때는 끝까지 따져 묻고, 월요일 아침 일찍 회의를 해서 주말에 일을 하게 만들고 계약에 실패할 경우 호되게 나무란다. 목표는 가능성 있는 숫자의 2배로 주고 매일 채근하면 150%는 할 수 있다고, 영업직원들은 자율적으로 행동하지 않으며 시켜야 움직이는 수동적인 존재라고 생각한다. 자신이 모두 개입해 관리하지 않으면 조직이 잘 돌아가지 않을 것이라는 확신을 가진 리더이다. 영업직원의 동기부여보다는 목표를 이루는 단순 수단으로 보는 강압형 리더십, 2차원 리더십이다.

강압의 강약 차이만 있지 국내외 할 것 없이 대부분의 영업 조직에서 흔히 볼 수 있는 리더십이다. 특히 급격한 경제성장을 겪은 우리나라에도 가장 많이 존재하는 유형이다. 불도저 경영이라는 말로도 불렸다. 조직에 긴장을 줄 수 있다는 장점도 있지만 조직에 대한 충성도에 부정적인 영향을 끼쳐, 훌륭한 영업직원이 회사를 떠나게 할 수 있다.

강압형 리더십이 오래 지속되는 경우 대부분의 직원이 소극적, 수동적으로 영업에 임하게 되어 조직의 무기력을 불러일으킬 수도 있다. 특히 강압형 리더십에 익숙하지 않은 외부 경력직원과는 문화적인 충돌을 초래할 수 있다. 부하 직원의 많은 수가 평균 이하의 역량일 경우 강압형 리더십이 필요할 수 있지만, 그러한 조직의 경우 궁극적으로 제일 먼저 해야 할 일은 역량 개발과 탁월한 역량의 추가 채용이다. 결코 어떤 경우에도 이 리더십이 오래 지속되는 것은 바람직하지 못하다.

사일로 리더십

영업중역의 기본 성과지표인 계량적 목표 달성을 위해서는 영업조직이 함께 노력해 수행한다. 매출, 이익, 시장 점유율, 성장률 등 비즈니스 측면의 재무적인 목표에 매진하고 고객 만족도 및 종업원 만족도를 높이는 전략과 행동을 실행한다. 직원의 동기부여 활동을 고민하고 후임자 물색 및 육성, 진행사항을 매년 정기적으로 시행한다. 영업 윤리에 대한 가이드라인을 제시하고 솔선수범하려고 노력한다. 이 내용만 보면 3차원 리더십인 '사일로(silo) 리더십'은 다음에 등장하는 '균형 리더십'과 유사해 보인다.

어느 영업 조직의 보스가 부하 영업관리자에게 말한다. 영업 조직의 보스는 A부서 출신이고 부하 영업관리자는 B부서 출신이다. 최근에 A부서와 B부서를 포함한 영업 조직 전체를 이 보스가 책임지게 되었다.

"김 부장, GE의 제프리 이멜트 회장이 어느 사업부 출신인지 알아? 이멜트는 회장이 되기 직전에 헬스케어 사업부 수장이었어. 그래서 회장이 되고 나서 헬스케어 사업부 출신들을 많이 발탁하고 있어. 기업 전체 수장이 되었지만, 함께 일해본 사람들 중에서 중책을 뽑을 수밖에 없었던 거지. 이것은 어쩔 수 없는 일이니, 이해해야 해."

부하 영업관리자는 보스가 이 이야기를 왜 하는지 이해할 수 있었다. 이 영업 조직의 보스도 A부서 출신을 중용하고 싶다는 말을 돌려서 한 것이다.

사일로 리더십은 자칫 '균형 리더십'에 가까워 보일 수 있으나, 인재와 후임자를 육성하고 동기부여하는 과정에 '편협성'을 끼고 수행하는 유형이다. 자신의 출신 부서에서 함께 일하고 증명이 된 사람을 중용하고 싶은 것은 당연할 수 있다. 그러나 인재는 공정하게 등용해야 한다. 한 사일로 안에 갇혀 편협한 관점에 서 있는 영업중역 리더십은 영업 조직의 미래를 보장할 수 없다. 자신이 재임하는 동안에는 문제가 크지 않겠지만 편협하게 선정된 인력을 바탕으로 한 조직의 운영은 훗날 큰 부작용을 낳게 되어 있다. 이런 리더십은 훌륭한 영업직원을 떠나게 할 것이고, 영업 조직의 잘못된 문화를 만들 것이다.

균형 리더십

균형 잡힌 리더십, 4차원 리더십이다. 이 유형의 영업중역은 재무목표를 향해 가면서, 직원 만족도 목표도 달성하기 위해 노력한다. 직원 설문조사의 피드백을 듣고 이에 맞는 조치를 취하고 고객의 목소리에 귀 기울이고 대응한다. 직원의 채용과 개발, 동기부여에 관심을 갖고, 가능성 있는 후임자를 찾아 그들에게 기회를 준다. 또한 미래의 신규 사업을 기획하고 시도한다. 시스템과 프로세스를 통해 주요 성과지표를 수행한다. 스마트한 영업중역으로서 여러 가지 지표를 효율적으로 관리해 영업 조직의 현재와 미래를 이끌어나간다.

균형 리더십이 강한 사업부장이 기획팀장과 대화하는 내용이다.

"김 팀장, 이번 2분기 중역회의에서는 올해 사업계획이 제대로 진행되고 있는지 살펴보는 시간을 갖도록 합시다. 올해 사업부 계획이 크게 3가지 카테고리로 진행되고 있는데, 현재 목표 대비 실적은 어느 정도인지 회의 때 보고 바랍니다."

"네, 부장님. 첫째, 재무 목표 진행상황 둘째, 직원 만족도 진행상황 셋째, 고객 만족도 진행상황으로 정리해서 보고하도록 하겠습니다."

"특히 이번 해는 어느 때보다도 어려운 한 해가 될 것 같으니 직원들의 사기가 더욱 중요합니다. 내가 어떻게 하면 직원들과 더 많은 시간을 보낼 수 있을지도 고민해서 내게 따로 알려주세요. 그리고 당장 어떻게 살 것인가도 필요하지만, 미래 먹을거리 준비는 어떻게 해야 할지 신사업 추진 계획 진행상황도 이번 회의에서 보도록 합시다."

"네, 부장님. 올해 목표 달성을 위한 3가지 측면 진행상황과 중장기 계획 진행상황도 함께 준비하도록 하겠습니다."

오랜 경력으로 업무가 체계화된 글로벌 기업의 영업중역에게서 자주 볼 수 있는 리더십, 궁극적으로 바람직한 리더십 유형이다. 균형 리더십은 많은 장점을 가지고 있다. 공정한 평가, 역량의 적재적소 배치, 영업중역 및 영업관리자의 승계 구조가 정확히 정의되어 있어 위급한 상황도 잘 헤쳐갈 수 있다. 다만 프로세스와 시스템으로 움직이기 때문에 직원의 목소리, 고객의 목소리 등에 대한 피드백에 오류가 생기지 않도록 하는 노력이 필요하다. 직원 만족도와 고객 만족도 지표가 실상을 반영하지 못하고 형식적인 측면에서 실행되는 경우를 찾아내고, 실제 직원과 고객의 목소리를 듣는 노력을 기울여야 한다. 우리나라의 경우, 군대에서의 소원수리가 현상을 좋은 쪽으로 바꾸는 데 도움이 되지 않는다는 것을 경험한 남성이 많기 때문에. 공식적인 피드백 제공에 소극적인 경우가 많다. 균형 리더십을 가진 경영진에게는 실제 직원과 고객의 목소리를 들으려는 지세가 반드시 필요하다. 진정성 있는 경영진에게 직원은 솔직하게 다가올 가능성이 높다.

믿음 리더십

"사장님은 2천 명이나 되는 직원들의 고충을 어떻게 들으시나요?"

"종업원 고충 설문조사를 통해 듣긴 하는데, 사실 이 내용을 제대로 쓰기는 쉽지 않지. 그래서 나는 직원들과 자주 만나 정기적인 점심 혹은 저녁 라운드테이블을 해. 그 자리에서도 여러 사람이 있기 때문에 정말로 문제가 있거나 해결되어야 할 것에 관해서는 말을 잘 못해. 그렇다고 모든 직원과 일대일 면담도 할 수 없고 임원들을 통해 들으면 직원들의 고충 내용은 걸러져 좋은 이야기만 올라오거든. 그래서 나는 나만의 방법을 쓰지. 직원들과 식사를 하는 자리에서 떠날 때 악수를 하면 어떤 직원들은 무언가 나에게 할 말이 있다는 신호를 보내거든. 악수를 남들과 달리 꽤 힘주어 하는 경우가 있어. 그러면 그 직원을 기억해 놓았다가 면담을 해보라고 해. 그러면 거의 백발백중 큰 문제나 고쳐야 할 것들을 듣지. 그것을 해결하면 직원 만족도가 올라가고 조직이 계속 좋아져."

직원의 목소리를 악수를 통해 듣는 것이다. 직원과 고객의 신뢰를 얻은 영업중역은 시스템과 프로세스뿐만 아니라 다양한 채널을 통해 그들의 목소리를 듣고 조치를 취한다. 균형 리더십은 기본이고 신뢰를 통해 리더십을 완성한다.

이 영업 조직은 2천 명의 직원과 2만 명가량의 파트너사 직원으로 구성되어 있는데, CEO의 신뢰와 솔선수범을 바탕으로 조직의 비전을 공유하며 한 방향을 향해 함께 나아간다. 전체 2만 명이 넘는 영업 조직의 구성원들 중 현장에 발을 대고 있는 영업 및 서비스 직원은 1만 5천 명가량이다. 1만 5천 명의 시장 접점 직원에게 긴 실을 한 개씩 주고 그 실을 잡고 자신의 관리자에게 넘겨주면, 다시 그 실의 끝은 각각 CEO에게 전달되어 하나로 모일 것이다. 1만 5천 개의 실은 두툼하지만 잘 끊어지기 때문에 이것을 끌고 한 방향으로 나아가는 것은 쉽지 않다. '고객 만족'이라는 목표의 큰 실 뭉치를 어깨에 메고 "나를 따르라!" 하며 한 방향으로 나갈 때, 이 실은 끊어지지 않고 목표를 향해 나아갈 수 있다. 리더의 신뢰와 솔선수범을 바탕으로 앞으로 나아가는 궁극적인 5차원 리더십, 바로 '믿음 리더십' 이다.

CEO를 포함한 영업중역 리더십 5가지에 관해 알아보았다. 어떤 리더십이 무조건 다 옳고 어떤 리더십이 틀렸다는 것은 아니다. 조직의 규모에 따라, 상황에 따라 리더 스스로 판단하여 적절하게 각 유형을 꺼내 사용하는 것이 중요하다. 물론 궁극적으로는 5차원 믿음 리더십을 향해 나아가야 할 것이다. 다만 리더는 자신의 발전과 조지의 운명에 적절한 배분이 필요할 것이고 주주는 영업 조직의 발전을 위해, 영업 조직의 문화 확립을 위해, 이 리더들의 리더십 유형을 눈여겨보아야 할 것이다.

4

영업주도 조직에서 코칭은 어떻게 이루어지는가

4단계 GROW 모델

영업관리자의 가장 중요한 역할 중 하나는 '코칭'이다. 영업관리자의 코칭이란, 영업직원이 특정 고객의 영업 전략을 기획하고 수행하는 것, 영업 프로세스를 효과적으로 잘되게 직접적으로 도와주는 것이다. 영업직원으로 하여금 더 나은 의사결정을 하게 돕고 문제를 스스로 해결하도록 해야 한다.

'GROW 모델'이란 목표를 설정하고 문제를 해결하는 데 도움을 주는 구조화된 코칭 프로세스이다. 이 프로세스를 통해 영업관리자는 영업직원이 스스로 의사결정을 하도록 도울 수 있다.

GROW 모델 프로세스는 G(Goal 목표) - R(Reality 현실) - O(Option 선택) - W(Will 의지 혹은 결론)의 과정을 통해 진행된다.

목표 설정(Goal Setting)

1단계는 목표 설정이다. 영업관리자는 영업직원의 목표를 설정해주는 사람이 아니다. 영업직원이 목표를 설정할 수 있도록 도와주는 사람이다. 예를 들어, 영업직원이 새로운 영업 기회를 찾아와야 할 때를 생각해보자. 이때 목표 설정 단계에서 "지금 당신의 목표는 무엇인가?" "고객으로부터 당신은 올해 무엇을 얻을 것인가?"라는 식의 질문을 던져야 한다. 이때 적절하고 도전적인 목표를 설정해 영업직원이 목표 설정 단계에 주인의식을 갖도록 코치해야 한다.

현실(Reality)

만약, 목표 설정 단계를 통해 영업직원이 100억 원 가량의 예산이 잡힌 건축 프로젝트를 따오는 목표를 설정했다고 하자. 이 단계에서는 현재 고객과 회사 상황, 현실은 어떤지에 관한 질문을 던진다. 이를 통해 영업직원은 현실적인 시장 상황과 기업 내부 상황 등에 관해 고민하게 된다. "100억 원의 건축 프로젝트를 따오기 위해 현재 해결해야 할 고객의 고민은 무엇인가요?" "예산은 얼마나 잡혀 있나요?" "우리 내부 준비 상황은 어떤가요?" 등의 질문이 필요하다.

선택(Option)

영업관리자는 영업직원으로 하여금 스스로 이 목표를 달성하기 위해 구체적인 전략과 전술 항목을 만들고 실천 계획을 짜게 한다. "이 프로젝트를 수주하기 위한 전략과 전술은 무엇인가요?" "회사 내부에서는 어떤 준비를 구체적으로 해야 하나요? 누가 그 일을 분담해서 해야 하나요?" "이 사업을 수주하기 위해 당신이 생각한 옵션 외에 추가 옵션은 무엇인가요?"라는 질문을 통해 이 단계를 진행한다. 아울러 우선순위와 실천 가능성에 관해 고민할 여지도 주어야한다.

의지/결론(Will)

이 단계는 행동을 취하도록 장려하는 미래 지향적 단계이다. 앞의 단계를 거쳐 정리된 옵션으로, 영업직원이 긍정적인 마인드를 갖고 스스로 의지를 불태운다면 GROW모델을 통한 코칭은 거의 성공이다.

"자, 준비가 다 되었다고 생각한다면 이제 무엇을 할 건가요?"

"네, 부장님. 이제 준비된 내용을 가지고 내일 당장 고객을 만나겠습니다. 내부 미팅을 소집해 준비 팀을 꾸리도록 하겠습니다."

GROW 모델의 마지막 단계는 영업직원이 동기부여를 받아 사기가 충전되어 일을 적극적으로 시작하는 것이다. GROW 모델을 통한 코칭은 영업관리자가 영업직원에게 방법을 가르치는 것이 아니다. 4단계를 통해 영업직원이 그 틀 안에서 스스로 사고해 동기부여하고 의지를 가지게 하는 것이 목적이다.

스스로 하도록 도와야 한다

영업직원은 끊임없는 전투 속에 살아간다. 가끔은 촌각을 다투기 때문에 스스로 결정해야 할 상황도 많다. 영업은 주인 정신을 가지고 수행해야 하는 것이다. 또 급변하는 시장과 고객을 상대하기 위해, 항상 대응책을 준비하고 연습해야 한다. 고객에게 필요한 가치를 제공해야 하므로, 전략적이고 창의적인 태도 또한 필요하다. 이러한 것들을 영업직원이 스스로 할 수 있게끔 육성해야 한다.

영업직원 시절, 나를 육성했던 일선 관리자는 항상 스스로 고민하고 실행하도록 교육했다. "고객이 이런 요청을 해왔는데 어떻게 해야 하나요?"라고 물으면 바로 꾸지람을 들었다. 항상, "고객이 이런 요청을 해왔는데 제 생각은 이렇게 하는 것이 좋겠습니다."라고 안을 가지고 가야 했다. 이렇게 스스로 생각하고 행동하게 교육해야 한다.

이런 교육을 받고 성장한 내가 처음 관리자가 되었을 때 일이다. 역시나 우리 팀의 영업직원도 처음의 나처럼 "이것을 어떻게 해야 하나요?"라고 질문을 해왔다. 꾸지람을 한 후, "너 같으면 어떻게 하겠니?" "고객은 어떻게 생각할 것 같니?" "네가 고민해서 안을 가져와봐."로 다시 질문을 주었다. 내가 가르쳐주면 5분이면 되는 간단한 일이었지만, 스스로 고민하게 했더니 하루가 꼬박 걸렸다. 어느 경우에는 며칠이 걸리기도 했다. 그렇게 교육시킨 당시 직원들은 지금 영업 베테랑들이 되었다. 어느 날, 그중 한 후배가 내게 말했다.

"그때는 방법을 바로 안 가르쳐주셔서 좀 서운했는데, 지금 와보니 그 방법이 맞았네요."

흐뭇했다. 스스로 생각하고 행동하게 해야 한다. 물론 제대로 방향을 잡을 수 있도록 도와주어야 함은 당연하다. 그래야 후배를 나보다 훌륭한 영업인으로 만들 수 있다.

Good Manager vs.
Poor Manager

미국의 MBA 학생들에게 최근에 함께 일했던 리더 중, 훌륭한 리더와 나쁜 리더의 특성을 물었다. 설문 대상은 영업직을 포함한 다양한 직능과 산업에서 온, 상대적으로 그 분야에서 얼마 안 되는 경력을 가진 학생들이었다.

조사 결과 훌륭한 리더는 인력 선발, 역량 개발, 인력 관리, 리더십, 보상과 동기 부여 총 5가지 영역에서 팀을 이끄는 데 발군의 특성을 가지고 있었다. 5가지 영역에서의 훌륭한 관리자와 나쁜 관리자의 특성은 아래와 같다.

훌륭한 리더	나쁜 리더
· 베스트 팀원을 선발한다 · 최고의 역량을 보유한 인력을 발굴하고 유치한다	· 팀원 선발에 정성을 쏟지 않는다 · 미흡한 직원을 선발한다

· 팀원의 역량을 개발하고
  성장하도록 돕는다
· 훈련시키고 코칭한다
· 과정을 관리하고 피드백한다
· 팀원의 승진을 위해 노력한다
	· 시간이 지날수록 팀의 역량을
	  떨어지게 한다
	· 달성 불가능한 목표를 설정한다
	· 어떻게 역량 개발을 할 것인지에 대해
	  코칭하지 않으면서 발전만 요구한다

· 팀원을 제대로 이끈다
· 명확한 목표와 역할을 정립해준다
· 권한을 위임하고 자율을 준다
· 경청한다
· 팀원을 후방에서 돕는다
	· 자신만의 목표를 위해 일한다
	· 세밀하게 관리하고 자신이 모든 것을
	  다하려고 한다
	· 의사결정이 왔다 갔다 해서 일관성이
	  없다
	· 우유부단하다

· 회사를 대변하여 일하려고 한다
· 지속적으로 생산성을 높이는
  노력을 기울인다
· 회사 가치를 솔선수범한다
· 상황과 팀원의 정서를 모두 고려한다
· 자원과 비용을 잘 관리한다
	· 자신만의 목표를 위해 일한다
	· 팀의 성공을 자기 것으로 만든다
	· 잘못된 사례를 인용하여 팀을 오도한다
	· 외부 요인으로 핑계를 돌리고
	  저성과자에게 책임을 부가한다

· 팀원에게 적절한 보상과
  동기부여를 제공한다
· 긍정적이고 적극적인 업무 환경을
  만든다
· 공정하게 행동한다
· 팀원을 인정하고 보상한다
	· 사기를 떨어뜨린다
	· 비윤리적이다
	· 편애한다
	· 정치적인 모습을 보인다
	· 사려 깊지 않게 행동한다

일반적인 경우, 자신의 모습을 객관적으로 평가하기는 쉽지 않다. 거울을 보아야 자신의 모습을 확인할 수 있는데, 무엇인가에 몰입하고 있는 사람의 경우 내 모습이 어떤지 보기 위해 거울을 볼 여유를 갖지 못한다. 특히 영업관리자는 업무에 치이고 산다. 이러다 보니 관리자로서 자신의 생각과 행동을 객관적으로 볼 여유도 시간도 없다.

직원의 입장에서 기술한 훌륭한 리더와 나쁜 리더의 행동은 영업관리자에게 스스로를 돌아볼 계기가 될 것이며, 경영진에게는 영업관리자를 육성하고 평가하는 기준이 될 것이다. 영업에 있어 훌륭한 리더는 영업주도 조직 문화의 기초이다. 훌륭한 리더가 제대로 선발, 육성되지 못하면 영업주도 조직의 문화가 만들어진다고 하더라도 지속적으로 발전될 수 없다.

5

영업이 기업 문화 전체를 바꾼다

  기업 문화는 직원과 관리자에게 행동의 규범이 되는 '조직의 DNA'이다. 기업 문화는 조직의 규범과 가치, 업무 스타일로 구성되고 조직 개개인 모두에게 직접적인 영향을 미치기 때문이다. 이를 이해하고 제대로 된 문화를 만드는 것은 조직의 지속적인 발전과 성공에 매우 중요하다.

  마찬가지로 영업 조직의 문화 역시 영입 조직 및 영업직원의 의사결정에 직접적인 영향을 미친다. 영업 조직의 문화는 매일매일 새롭고 어려운 의사결정의 틀 안에 있는 영업 조직 구성원들이 적절한 선택할 수 있도록 이끈다.

  영업주도 조직에서는 이러한 조직 문화를 기업 전 부서에서 이해하고 공유하고 있다. 이러한 규범과 가치는 영업 조직의 역사에 뿌리를 두고 지속적으로 수정되고 발전된다. 아울러 영업주도 조직의 문화는 조직의 미션 스테이트민트와 모토를 통해 구성원들에게 전달된다. 삼성전자 근무 시 사업부장은 시장에서 이기기 위해 'CS(고객 만족)'라는 모토를 매장, 사무실 등 어디를 가도 볼 수 있게끔 하며, 반복적으로 강조했다. 심지어 영업, 마케팅, 서비스, 물류 등 고객 접점을 포함한 전 조직 회식에서도 'CS'를 건배 제의로 사용했다. 고객 접점의 모토를 본부 부서를 포함한 전 부서에서 지속적이고 반복적으로 사용함으로써, 영업주도 조직의 문화를 만들고 유지한 것이다. 매출 지향 영업 조직에서 고객 지향 영업 조직 문화를 만들겠다는 영업주도 조직 문화에 대한 사업부장의 강한 의지이기도 했다.

오랜 기간 역사를 바탕으로 영업주도 조직 문화가 생성하고 발전해야 한다. 여기에서는 경영진의 의사결정과 지속적인 지원이 매우 중요하다. 영업주도 조직 문화는 규범, 가치, 업무 스타일을 통해 채용 프로세스, 교육 프로그램, 성과 평가 관리, 보상 프로그램, 조직 구조 등 영업관리 모든 분야에서 확립된다. 기업의 모든 분야에서 핵심가치와 행동으로 확립된 영업주도 조직 문화이기에 이 핵심 가치와 경영진의 행동이 일치하지 않을 때 영업주도 조직 문화의 확립은 실패한다.

영업주도 조직 문화를 만드는 6가지 조건

조직 구성원의 영업역량만 높이면 탁월한 영업주도 조직이 확립될까? 개인의 역량 개발은 기본이고 채용, 교육, 보상, 성과 관리 등 영업관리 분야에서의 기업 역량도 제고해야 한다. 궁극적으로는 기업의 문화를 영업 중심 조직의 문화로 만들어야 한다. 영업 조직만이 영업에 몰입하는 기업 문화가 아니라, 기업 전체가 영업 중심으로 움직이는 영업 중심 조직 문화를 확립해야 한다. 저성장 시대, 무한경쟁 시대에 기업이 생존하고 성장할 수 있는 영업주도 조직의 문화를 만들기 위해 기업은 무엇을 해야 할까?

첫째, 고객 중심의 문화를 조성해야 한다. 영업의 모든 것은 고객으로부터 시작된다. 고객의 니즈를 알아야 하고 고객의 업무를 이해해야 하며, 고객과의 신뢰를 바탕으로 오랫동안 지속적으로 관계를 정립해야 한다. 부서 어디에서든 고객에 대한 존칭을 사용해야 하며 고객을 존경하는 용어와 자세를 갖추어야 한다. 회사의 모든 의사결정과 전략 및 행동에 고객과 고객가치가 우선시되고 제일의 고려항목이 되는 문화를 가져야 한다. 기업 전체에 고객 중심의 문화를 확립해야 한다.

이를 위해 고객과의 미팅을 최우선으로 해야 한다. 고객 중심의 문화가 아직 자리 잡지 못한 많은 기업은 임원 미팅과 보고를 위해 고객과의 약속을 뒤로 미룬다. 경영진의 행동과 영업직원의 마음가짐이 회사 내부의 업무가 먼저라고 생각하기 때문이다. '계급이 깡패'라는 말이 있다. 고객 중심의 문화를 시작하려면 높은 계급에 있는 경영진과 관리자가 직원들에게 고객과의 미팅을 우선시하도록 도와주어야 한다. 고객과의 업무 때문에 내부 미팅에 참여 못하거나 늦은 영업직원을 절대로 나무라서는 안 된다. 만약 이를 꾸중한다면 고객 중심 문화는 시작도 못한다.

둘째, 약속과 책임을 이행하는 문화를 만들어야 한다. 기업고객 영업의 경우는 계약 금액이 큰 경우가 많아 성공과 실패의 두 경우 모두 회사에 미치는 영향이 크다. 관계적 영업의 경우도 단골 고객을 잃는 경우 오랫동안 지속적인 계약을 놓치게 된다. 고객가치 제공이 중요한 기업고객 영업이든 매장의 유통 영업이든, 조직 구성원의 책임의식과 약속 이행은 반드시 가져야 할 덕목이다. 영업주도 조직에서는 고객의 요구에 대응하기 위해 고객과의 약속과 고객가치 제공에 대한 책임감이 필요하다.

고객과 약속한 납기일을 맞추기 위해 밤낮 가리지 않고 공장과 공급자와 소통하는 물류담당자, 고객의 가려운 부분을 해결해주기 위해 열심히 공부하고 고객이 부르면 바로 달려가는 기술지원 직원, 회사와 약속한 분기 매출 목표 달성을 반드시 맞추겠다고 다짐하는 영업중역과 영업관리자, 영업직원…. 이 모두가 영업주도 조직 문화를 만드는 주요 구성원이다. 이러한 약속과 책임을 이행하는 문화가 기업 전체에 문화로 자리를 잡아야 고객의 니즈에 대한 즉각적이고 적절한 대응을 할 수 있다. 고객의 요구에 대한 약속과 책임을 수행하기 위해 영업 기회를 철저히 관리하는 영업관리 방법론을 비롯해, 고객의 요구에 대한 대응 즉, 매출과 수주에 성공한 구성원에게 인센티브를 제공하는 것도 필요하다.

셋째, 공부하는 문화가 필요하다. 영업 수행 시 고객의 업무, 고객에 대한 이해와 통찰이 있어야만 고객의 문제를 해결하고 고객의 니즈를 만족시킬 수 있다. 다양한 방법과 프로세스를 활용해 영업을 포함한 모든 부서의 직원이 공부하는 문화와 습관을 가져야 한다. 전 직원을 대상으로 정기적인 교육시간을 가지고, 직원 개개인의 자기계발 계획을 인사평가에 접목시키며, 전통적인 직급체계에 전문가 제도를 추가해 승진과 개발의 기회를 제공해야 한다.

넷째, 협업하는 문화를 갖추어야 한다. 고객의 문제는 절대로 혼자 해결할 수 없다. 고객이 접한 문제가 복잡하고 어려울수록, 해결했을 때 큰 부가가치를 제공할 수 있으며 이는 협업을 통해 효율적으로 진정한 해결책을 찾을 수 있다. 고객가치에 대응하기 위한 협업은 영업직원끼리만 해서는 큰 효율이 없다. 영업 중심 조직의 고객 문제 해결에 대한 협업은 전 부서의 다양한 협동을 통해 제대로 된 제안이 만들어지기 때문에 협업은 전 부서에서 이루어져야 한다.

다섯째, 소통하는 문화이다. 위의 모든 문화는 소통을 통해서 완성된다고 할 수 있다. 협업도 소통을 통해 이루어진다. 경영진과의 소통, 협업 조직 간의 소통, 상하 직원들 간의 소통, 협력사와의 소통, 고객과의 소통 등 영업 중심 조직의 문화는 소통을 통해 완성된다.

"부장님 왜 우리는 회사 전략을 신문보다도 경쟁사보다도 늦게 아는 거죠? 우리가 알면 뭐 밖에 알릴까 봐 회사가 겁내는 건가요? 아니면 우리가 경쟁사 직원보다, 일반인보다 회사에 대한 로열티가 없다고 회사가 생각하나요? 영업직은 떠날 사람이라 생각하는가 보네요! 그럴 거면 우리를 왜 고용했나요? 거 참!"

하버드 비즈니스 스쿨의 프랭크 세스페데스(Frank Cespedes) 교수는 "기업의 전략이 혹시 경쟁사에 노출될까 겁나 이를 영업관리자와 영업직원과 소통하지 않는 것은, 현장 영업에 전략이 바르게 전달되지 않아 발생할 수 있는 문제만큼 큰 충돌을 일으킬 수 있음을 인식하지 못한 경영진의 잘못된 생각."이라고 주장했다. 소통은 영업주도 조직 문화의 기본 바탕인 것이다.

여섯째, 이기는 문화이다. 영업직원의 성취 욕구, 자신의 제품과 서비스가 어느 경쟁사에도 뒤지지 않을 것이라는 자신감이 가치와 문화로 전수되어 영업직원의 마음에 스며들어 있어야 한다. 기업 가치에서 시작해 기업 문화로 적용되어야 한다. 이기는 문화가 고객 중심주의와 결합해 기업 가치로 정착해야 한다. 또한 기업 내 전 조직의 모토가 될 수 있도록 경영진과 직원 모두가 한마음이 되어야 한다.

영업주도 조직의 문화는 고객 중심주의(Customer), 약속 이행과 책임(Commitment), 공부하는 문화(Culture for Learning), 협업(Collaboration), 소통(Communication), 이기는 문화(Competing Spirit)로 정의할 수 있으며, 내가 다니고 있는 회사가, 내가 운영하고 있는 조직이 이 6가지에 관심이 없거나 시행 세칙이 준비되어 있지 않다면, 그 조직과 기업은 영업주도 조직 문화를 통해 성장하기 어려울 것이다.

영업주도 조직 문화를 위한 3가지 혁신

결과적으로, 궁극적인 영업주도 기업의 기반은 영업 중심 조직 문화라고 할 수 있다. 그 문화는 단순히 조직 내 구성원의 영업역량을 육성하는 것만으로는 만들어질 수 없다. 앞서 말한 영업주도 조직 문화의 6가지 요소를 기업 내에 축적시켜야 한다.

이러한 문화는 각각의 요소를 활성화시킬 수 있는 제도를 기획하고 실행하면 형성될 수 있을까? 그렇지 않다. 단순히 제도만을 만들어 실행하거나 혹은 행동강령을 만들어 관리하는 것이 아닌, 조직원 개개인의 생활에 살아 움직이는 문화로 자리 잡아야 한다. 기업은 성공적인 영업 중심의 기업 문화를 만들기 위해 아래 3가지 영업 혁신을 시도해야 한다.

첫 번째, 조직과 역량을 혁신해야 한다. 고객 중심주의 조직과 인력 역량을 체계화해야 한다. 고객의 니즈를 파악하고 이것을 통해 고객이 원하는 해결책을 제시해주는 것은 물론 사후 관리까지 할 수 있어야 하므로 고객 및 고객 산업에 대한 지식과 문제해결 능력이 필요하다. 아울러 수익을 창출할 수 있는 고객을 찾아 사업 기회를 발굴할 수 있는 역량, 고객과의 신뢰를 바탕으로 강한 유대관계를 유지할 수 있는 역량도 필수적이다. 위의 영업역량에 추가해 제안 역량과 프로젝트 개발 역량, 프로젝트 관리 역량 및 위험 관리 역량을 지닌 전문가를 육성해야 한다. 대량으로 제품을 만들고 유통시켜 납품하던 시기에 필요했던 역량과는 사뭇 다른 역량이 필요하다. 조직 또한 전 기업 조직이 영업을 중심으로 일사불란하게 움직이는 '전원 영업' 조직으로 혁신해야 하며, 고객과 시장을 출발점으로 마켓 센싱(market sensing)을 할 수 있는 고객 및 시장 중심 조직으로 전환해야 한다.

두 번째, 방법론을 혁신해야 한다. 표준화된 방법론을 만들고, 조직원 모두가 그에 맞게 사고하고 행동해야 한다. 방법론이 없으면 사고의 틀이 매번 달라질 뿐만 아니라, 인력이 이탈해 새 인력이 충원될 경우 단절이 발생한다. 즉, 문화로 승화되지 못하는 것이다. 반면에 표준화된 방법론이 있는 기업의 경우, 영업 문화가 기업 인원의 변동과 상관없이 계승 발전된다. IT산업의 경우 영업 방법론, 개발 방법론 및 관리 방법론 등을 방법론으로 들 수 있는데, 이는 가구 산업의 경우나 자동차부품 산업의 경우에는 다를 수 있다. 각 산업마다 고유한 환경과 역량을 고려해 기업 내 프로세스를 표준 방법론화하고 축적된 개인 역량과 영업관리 역량을 회사 내에서 관리하고 발전시켜야 한다.

세 번째, 시스템 인프라를 확립하는 것으로 마지막 혁신을 해야 한다. 앞의 첫 번째와 두 번째 요소는 시스템과 프로세스를 통해 비로소 완결되고 완전한 지속성을 가진다. 조직과 역량의 체계와 방법론이 만들어지긴 했으나 책상서랍 속에 들어가 방치되고, 기획한 담당자 혹은 담당 팀만 아는 내용이 된다면, 경영진에게 보고용으로만 쓰여진다면, 없는 것만 못할 것이다. 조직과 역량의 체계와 사고의 틀인 방법론을 시스템과 프로세스로 만들어 기업 전체가 따르고 지킬 때 영업 중심 조직의 문화는 유지되고 지속적으로 발전할 수 있다.

위의 3가지 혁신 요소인 조직과 역량, 방법론, 시스템 인프라는 각각 하드웨어, 소프트웨어, 언어로 정의할 수 있다. 조직과 역량이라는 하드웨어를 방법론이라는 소프트웨어로 운영하고 시스템과 프로세스라는 언어로 소통하는 것이다. 이 3가지 요소는 영업 중심 조직문화를 확립해 지속 가능하도록 하기 위한 중요한 혁신 요소이며 경영진의 지원 아래 기업 내에서 개발, 발전, 관리되어야 한다.

어느 중견 기업 CEO의 말이 생각난다.

"영업직원을 베테랑 영업직원으로 육성하면 회사는 고성과 기업이 되고 영업주도 조직이 된다고 생각했는데, 이렇게 키워놓으면 다른 기업으로 이직합니다. 매번 베테랑 영업직원을 고용하면 회사에 대한 로열티가 떨어질 것이고, 내부에서 육성하면 이직하니 어쩌면 좋을지 고민이 많습니다."

단지 영업역량만 육성해서는 영업주도 조직, 고성과 기업의 목표를 이룰 수 없다. 이를 방법론과 시스템 인프라로 혁신해 유지, 발전시켜야 진정한 고성과 기업의 영업주도 조직 문화를 확립할 수 있고, 개인의 역량과 기업의 영업관리 역량이 기업의 자산으로 체화될 것이다.

빠르고 강력한 리더십으로 소통하라

영업주도 조직 문화는 기업의 역사와 환경, 구성원의 소통과 조화 속에서 확립된다. 이 문화는 영업 조직 구성원의 마음가짐과 행동을 만들어내고 동시에 그 구성원의 마음가짐과 행동은 영업 조직의 문화를 이끌어낸다. 오직 영업 조직의 구성원이 강한 영업 중심 문화를 유지할 수 있는 것이다.

그렇다면 이 확립된 강한 영업주도 조직 문화를 유지하기 위해 기업은 무엇을 해야 할까.

첫째, 현재 가치와 규범, 업무 스타일에 대한 설문조사를 지속적으로 시행해야 한다. 이 평가를 통해 제품 라인, 영업 환경, 비즈니스 모델이 변화되었는데도 불구하고 기업이 새로운 변화에 적절하게 적응하지 못한다면 그 비전을 수정해야 한다.

둘째, 영업 문화에 맞는 행동들이 성공적으로 이행되었다면 이에 대한 지속적인 보상을 해야 한다. 만들어진 영업주도 조직의 문화가 조직 구성원들에게 자리 잡게 하기 위해서는 끊임없는 칭찬과 보상이 필요하다.

셋째, 영업 문화를 공유하는 데 노력해야 한다. 영업직원에게 무엇이 우리가 해야 할 일이고 가치인지를 알려주기 위해 효율적인 소통을 실천해야 한다. 교육과 공지, 일선 영업관리자의 적극적이고 정기적인 소통 방법을 통해 공유한다.

넷째, 영업 문화에 맞는 행동을 보이는 스타를 찾아내고 이를 통한 스토리를 만들어 강한 영업 문화를 구성원들에게 알려야 한다. 갓 입사한 신입직원 교육을 통해 먼저 실행해 영업 중심 문화의 중요성을 처음부터 알게 해야 한다.

다섯째, 전 직원이 영업주도 조직 문화에 맞는 가치와 규범과 업무 스타일을 구현하는지 확인해야 한다. 한 사람의 스타가 아닌 다수의 영업직원이 이 가치와 규범에 맞는 행동을 하도록 지원해야 한다.

여섯째, 구성원이 말뿐이 아닌 행동을 직접 하는지 확인해야 한다.

마지막으로 영업주노 소식 문화의 유시 발전을 위해 의사결정과 행동이 빠르고 강력한 리더가 필요하다. 강력한 리더는 영업직원과 일선 영업관리자에게 긍정적인 영향을 주는 것은 물론, 앞의 6가지 문화 유지를 위한 행동을 이끌고 관리할 수 있다. 성공적인 영업주도 조직 문화의 변화를 위해 반드시 필요하다.

6

'이기는 문화'는
어떻게 만들어지는가

영업 조직의 근간에 이기는 영업 문화가 자리 잡고 있어야 한다. 경쟁 기업에게 지거나 목표를 달성하지 못하면 자존심이 용납 못한다는 마음가짐이 필요하다. 목표를 달성하지 못해서, 인센티브를 받지 못해서, 올해 진급에서 누락될까 봐, 계약을 수주하고 매출 목표를 달성하는 것에 몰입하는 것이 아니다. 영업인으로서 목표 달성을 못하고 계약 수주에 실패하면 내 자신에 대한 자존감이 떨어지기 때문에 이겨야 한다는 태도, 이것이 이기는 영업 문화로 승화되어야 한다. 이러한 영업직원의 성향은 절대로 목표를 관리하고 인센티브만을 주어서 얻어낼 수 없다. 긴 시간의 노력을 통해 규범과 가치, 업무 스타일에 녹여 DNA화 돼야 한다.

대대로 이어지는 영업직원의 자존심

이기는 영업 문화를 위해 경영진이 해야 할 몇 가지를 정리해보자.

첫째, 고객을 최우선으로 한다. 이기는 영업 문화의 근본은 고객 가치를 제공하고 고객을 만족시키는 것이다. 고객을 최우선시하고 고객과 보내는 시간을 가장 중요한 시간으로 인정해야 한다. 회사 내부 회의보다 고객과 미팅이 더 중요하게 간주되어야 하며, 내부 행정일보다 훨씬 많은 시간을 고객 접점 시간으로 채워야 한다. 본사는 영업직원의 고객 접점 시간을 늘리기 위해 회사 내부 행정 업무를 줄여주는 일을 지속적으로 수행해야 한다.

문화의 시작은 규범과 핵심 가치이다. 회사 전체가 공유하는 '핵심 가치'에 반드시 '고객'을 포함시켜야 한다. '고객의 부가가치를 창출한다.' '모든 고객의 성공을 위해 헌신한다.' 등 고객가치와 고객 접점 시간 등이 '핵심 가치'에 포함되어 기업 문화의 근간이 되어야 한다. 이처럼 고객과 고객 접점 시간을 우선시하는 것이 이기는 영업 문화를 만들기 위한 시작이라고 할 수 있다.

둘째, 즐거운 분화를 만든다. 팀워크는 영업직원의 동기부여와 사기를 북돋아주고, 시장을 긍정적으로 보게 한다. 시장에서 이기기 위한 전투는 영업직원의 생존을 위한 일상이다. 영업직원이 일과를 통해 항상 느끼는 것은 생존을 위한 전투의 피로감이다. 생존이라는 피로감을 가진 조직이 활성화되기 위해서는 조직 내에 즐거움이 있어야 한다. 열심히 일하고 휴가를 가서 쉬어야 하는 것은 당연하지만 전투와 전투 속에서 살아가는 영업직원은 전투 중간 중간에 즐거움이 있어야 하고, 그 즐거움은 팀의 일선 관리자가 주관해서 만들어야 한다. 전투가 일상인 힘든 군부대의 경우 전우애가 좋은 팀이 전투에서 승리한다. 경영진은 영업팀의 즐거움을 만들기 위해 일선 영업관리자를 도와야 한다.

셋째, 공정하게 평가한다. 구성원의 실적과 역량을 객관적으로 평가해 실적에 대한 보상을, 역량에 대한 승진을 보장해야 한다. 공정하지 못한 인센티브 제공과 평가는 조직을 여러 면에서 왜곡시킨다. 이는 탁월한 영업직원이 회사를 이직하게 하고 똑똑한 영업직원이 역량 개발과 실적보다 내부 관계를 만드는 데 더 많은 노력을 기울이게 한다. 시장에서 이기려 하지 않고 내부 정치에서 이기려고 하는 것이다. 아울러 이기는 영업을 만들기 위해서는 고객 혹은 내부 부서와의 일에 완벽성을 추구해야 한다. 공정한 평가가 따르지 않는 영업 조직은 일에 대한 완벽성 추구보다는 내부 관계의 완벽성에 더 집중할 것이다.

넷째, 일선 영업관리자 개발에 투자한다. 아무리 고객을 우선으로 '핵심 가치'에 넣었다고 하더라도 일선 영업관리자가 이를 무시한다면 '핵심 가치'는 문화가 될 수 없다. 즐거운 영업팀을 만들기 위해서는 군림하는 영업관리자가 아닌 서번트(servant) 리더십을 가진 영업관리자가 많아야 한다. 공정하게 평가하기 위해서는 일선 영업관리자가 훌륭해야 한다. 공정한 평가를 할 줄 모르는 영업관리자라면, 알면서도 공정하게 평가하지 않는다면, 공정한 평가를 기반으로 하는 이기는 영업 문화를 만들 수 없을 것이다.

이기는 영업 문화를 만들기 위해서는 영업관리자의 개발과 육성이 중요하다. 일선 영업관리자의 선택과 육성에 투자해야 한다. 경영진은 일선 영업관리자를 교육시키고 예산을 할당해야 한다. 무능력한 관리자는 내려오게 하고 능동적으로 영업직원의 동기부여가 되도록, 영업을 중요시하는 회사가 되도록 일선 영업관리자를 공정하게 선정하고 교육시켜야 한다.

다섯째, 영업직원을 중용한다. 최근 기업 환경이 어려워지면서 경영진은 영업의 중요성을 강조하고 있다. 대부분의 경영진은 과거와 달리 영업의 중요성을 더욱 피력하고 있다. 더 많은 영업직원을 채용하고 매주 직접 영업회의를 주관하며, 영업 기회 한 건 한 건을 직접 챙긴다. 연 마감에서 분기 마감, 이제는 월 마감, 주 마감까지 영업 기회를 과학적으로 관리한다. 영업의 성패가 기업의 성패와 직결되기 때문이다.

하지만, 영업 기회 관리에만 더 많은 시간을 투자한다고 이기는 문화가 만들어질까? 그렇지 않다. 영업직원의 역량 개발, 일선 영업관리자 선정 및 육성, 신입 영업직원 채용에 더 많은 투자를 해야 한다.

영업관리만 하지 말고 체계적, 장기적, 과학적으로 교육 실행에 투자하고 영업직군을 중용해야 한다. 신입사원이 입사할 때 영업부서로 가고 싶어 하고, 인사직군 5년차 직원이 영업직으로 가고 싶다고 할 때 이기는 영업 문화가 만들어질 것이다. 이기는 영업 문화를 만들고 싶다면, 영업이 중요하다면, 영업 인력을 중용해야 한다.

위의 5가지 이기는 문화를 경영진과 관리자와 영업직원이 함께 만든다면 어떤 일이 일어날까? 영업직원의 자존심이 활활 타오른다. 영업직원의 자존심이 경쟁에서 지지 않는 것으로 발현된다. 이 자존심이 그 어느 당근과 채찍보다 기업의 성공을 보장할 것이다.

30여 년 전 IBM은 지금보다 더 훌륭한 회사였다. 당시 전 세계의 IT기술을 리드하고 고객의 비즈니스 성공을 위해 최선을 다하는 글로벌 기업이었다. 이 조직은 '영업의 중요성'을 가장 큰 가치로 인정하고 있었다. 기술 회사임에도 불구하고, 본사 회장은 항상 영업직군 출신의 차지였고 고객과의 미팅은 어느 내부 회의 참석에도 예외로 인정되었다. 공정한 평가를 하기 위한 '360도 다면 평가'와 '오픈 도어' 등 다양한 제도를 시행했고, 일선 영업관리자에 대한 많은 교육 투자도 시행했다. 내가 입사해 영업 교육을 1년간 받고 현장 영업을 직접 뛰는 동안에도 나를 항상 지배했던 것은 '내가 IBM의 영업대표'라는 강한 자존심이었다. 내가 고객사에서 경쟁사에 지지 않기 위해 최선을 다한 것은 회사에서 진급하기 위함도, 인센티브를 더 받기 위함도 아니었고 IBM의 영업대표로서의 자존심을 세우기 위함이었다. 이러한 영업직원으로서의 자존심은 나만의 가치가 아닌 대부분 영업직원들의 공통된 가치였다. 이 영업직원의 자존심은 선배로부터 내려왔고 후배로 이어졌다. 영업직원의 자존심을 만드는 것이야말로 영업주도 조직의 문화이다. 이는 기업과 경영진의 오랜 노력과 지속적인 투자로 만들어질 수 있다.

7

영속하는
영업 조직의 힘

　기업은 일시적인 존재가 아니다. 영속적인 생명을 가진 조직체이다. 기업의 주인은 바뀔지라도 계속 존재하며 사업을 영위하는 '계속 기업(Going Concern)'이다. 기업은 계속 존재해야 하니 환경의 변화에 대응해 지속적으로 진화해야 한다. 지속적으로 생존하기 위해서는 계속 성장해야 하며, 다른 기업을 인수하거나 새로운 사업을 시도해야 한다. 기업은 생존하기 위해 새롭게 변신해야 하고 기존의 영업 문화에도 변화가 필요하다.

　영업 문화는 규범과 가치와 업무 스타일을 기반으로 오랜 기간을 통해 만들어진 영업 조직 및 구성원의 DNA이다. 이 DNA가 새로운 사업을 시도하는 경우, 어떻게 새로운 DNA 즉, 새로운 영업 문화로 진화할 수 있을까? 더구나 기존의 영업 문화가 오랜 기간 동안 가치로 체계화된 DNA라면 새로운 것에 대한 거부도 클 것이고 변화하기도 무척 어려울 것이 당연하다. 이 DNA, 영업 문화를 조성하는 개체는 사람, 경영진과 영업직원들이다. 그렇기 때문에 기존의 영업 문화에 익숙해 있고 그 기존의 영업이 성공한 영업이었다면 개체들은 새로운 영업 문화를 만드는 데, 아주 강하게 반발할 것이다.

기업의 생존을 위해 변화가 필요하다

삼성전자의 B2B영업팀이 처음 만들어지기 시작했을 때이다. 지금은 글로벌 차원에서 B2B영업이 활성화됐지만, 당시 2000년대 중반만 해도 삼성전자는 대부분의 사업이 B2C 지향적인 영업 문화를 가진 기업이었다. 전 기업 차원에서 성공한 B2C 영역에 추가해 B2B사업으로 확장하는 식으로 의사결정이 이루어졌고, 이는 당연히 새로운 B2B영업 문화를 만들어야 하는 과제를 안겨주었다. 다양한 차원에서 B2C영업전문가를 B2B 영역으로 투입시켰지만, 사업이 궤도에 오르기 쉽지 않았다. 소비자 대상 영업 문화와 기업고객 대상 영업 문화는 많이 달랐고, 오랜 기간 성공 DNA를 가진 소비자 영업의 문화를 계승한 기존 인력은 기업고객 영업의 문화를 받아들이지 못했기 때문이다.

경영진은 여러 고민 끝에 B2B영업 문화를 가진 외부 전문가 인력을 채용해 이 영역의 리더를 맡기기로 결정했다. 임원 및 간부급 전문 인력을 채용해 새로운 조직을 만들었다. 그러나 삼성전자의 기업 문화는 이전에 성공한 기업의 DNA이며 B2B영업 문화의 상위 문화이었기 때문에 이 문화를 무시하고 B2B영업 문화를 만들 수 없었을 뿐만 아니라, 그래서도 안 됐다. B2C 기반의 삼성전자의 기업 문화와 새로운 사업인 B2B영업 문화가 조화롭게 합쳐져야만 됐다. 한편 외부 전문 인력 역시 기존의 상위 기업 문화를 받아들이기 쉽지 않았다.

이를 해결하기 위해 경영진은 새로운 영업 문화를 가진 B2B 전문 인력의 보스 아래, 삼성의 기업 문화를 배운 신입과 대리급 인력을 배치하고 이들을 통해 성장을 위한 새로운 삼성전자의 B2B영업 문화를 시작하게 했다.

당시 신입 혹은 대리급 인력으로 그 문화를 배우기 시작한 직원들이 지금은 B2B영업의 중심축이 되어가고 있다. 국내와 해외 삼성전자 B2B 팀에서 B2B영업 문화를 만들고 실행하는 중추적인 일을 하고 있다.

기업은 계속 존재하고 진화하기 때문에 새로운 영업 문화 구축은 기업이라면 반드시 맞닥뜨리게 되는 숙제이다. 위의 예처럼 새로운 영업 문화로의 성공적인 진화를 위해서는 새로운 영업 문화 전문 인력에 젊고 능력 있는, 기존의 기업 문화를 배운 신입직원을 조화롭게 구성하여 운영하는 것이 한 방법이 될 수 있다.

집토끼와 산토끼

집토끼를 100마리 키우는 사람이 있었다. 그 주인은 넓은 사육장에 100마리의 토끼를 여유롭게 키우고 있었다. 100마리의 토끼는 나름대로의 위계질서 속에서 즐겁게 사육장 생활을 하고 있었고 주인은 100마리의 토끼를 애완용으로 잘 돌보고 있었다. 어느 날 들에 나간 주인이 우연히 귀여운 산토끼 한 마리를 보았다. 너무 귀여운 토끼라 직접 키우기 위해 잡아서 사육장으로 가지고 왔다. 어차피 집토끼 100마리도 애완용이었기 때문에 주인은 산토끼를 같은 사육장에서 키우기로 결정했다. 100마리의 집토끼와 한 마리의 산토끼가 한 사육장에서 같이 생활하게 되었다. 집토끼들은 생각했다.

"조금 더 귀엽기는 하지만 그래 봤자 산토끼지!"

그런데 같이 생활하게 된 이후에 주인은 집토끼들에게는 잠깐 눈길만 주고, 산토끼를 더 귀여워하여 산토끼하고만 놀았다. 더욱 가관은 그 산토끼가 주인이 키워주는 편안함을 알았는지 집에 안주하여 주인과 잘 놀고 애교까지 떠는 것이었다. 그 후 어떤 일이 일어났을까? 어느 깜깜한 밤에 집토끼들은 산토끼를 흠씬 두들겨 패고 사육장 밖으로 멀리 던져 버렸다. 다음 날 아침 주인이 산토끼가 없어진 걸 의아해하자 집토끼들은 모두 시치미를 떼었다.

환경의 변화에 대응해 성공하는 기업은 신규 성장 엔진을 찾아야 한다. 새로운 사업으로의 진입은 다양한 역량과 문화의 협업을 통해서 이루어진다. 어쩔 수 없이 내부 인력과 외부에서 채용된 경력직원이 함께 일해야 한다. 오랫동안의 한 문화를 통해 집단화된 내부 직원과 문화가 다른 전문가 집단인 외부 경력직원은 융합되기가 힘들 수밖에 없다. 조화로운 융합이 없다면 전문 인력 없이 자체적으로 하는 것보다 더 안 좋은 결과를 낼 수 있다. 많은 갈등 요소로 인해 시너지보다 정치적 갈등이 우선이 될 수도 있기 때문이다. 새로운 사업의 새로운 영업 문화로 진화하기 위해 조화로운 내/외부 인력의 융합이 필수적이다.

사업 초기에 내부 직원에게는 먼저 비전을 제시하고, 외부 경력직원에게는 보상을 먼저 제공해 시너지를 만드는 것도 한 방법일 수 있다. 새로운 영업 문화를 만들기 시작하는 시점에는 외부 전문 인력이 반드시 필요하고 이때 고참 전문 인력에 신입 인력(기업의 문화를 공부하고 습득한)을 부하로 두어 신입 인력이 전문성을 전수 받는다면 새로운 영업 문화와 성공한 기업의 문화까지 아우르는 영업 조직이 될 수 있을 것이다. 조화로운 내/외부 조직 문화의 융합은 기업의 경영진이 반드시 고민하고 관리하고 대응해야 할 부분이다.

GE 헬스케어의
고객 중심 혁신 성공사례

영업주도 조직 문화의 첫 번째는 고객 중심 문화이다. 회사의 모든 의사 결정은 고객의 변화에 따라 달라진다. 고객의 비즈니스에 대한 이해가 기본이며 고객의 업무전략이 바뀌면 회사의 영업 전략도 바뀌어야 한다.

2009년 이전 GE 헬스케어 영업 조직은 GE의 광범위하고 다양한 제품 포트폴리오를 전문으로 취급하는 제품 판매 전문가들로 구성되어 있었다. 어떤 경우에는 10개 이상의 다른 GE 헬스케어 제품 영업직원이 동일한 병원을 담당해 각자의 제품을 팔고 있었다. 고객은 같은 GE제품인데도 불구하고 품목에 따라 다른 영업직원과 거래를 해야 하는 불편함을 감수하고 있었던 것이다. GE의 브랜드와 제품 품질이 탁월했고 고객도 제품별 구매 조직을 지향하다 보니 크게 불편하다는 생각을 가지고 있지 않았다.

그런데 병원들이 구매 프로세스를 통합하고 집중화하기 시작했다. 병원 비즈니스의 효율성과 생산성을 높이기 위한 전략의 변화가 구매 프로세스의 통합으로 연계된 것이다. 이러한 변화는 GE 헬스케어 측의 변화로 확산되었다. 제품별로 구매하던 병원 고객이 통합 구매로 바꾸게 되면 GE 헬스케어 입장에서는 대량 구매로 인해 매출이 줄어들 가능성이 발생하기 때문이었다.

GE는 고객의 구매 전략 변화에 따라 내부 영업 조직의 구조를 변화하는 전략으로 맞대응했다. 먼저 제품 영업직원의 수를 줄이고 병원의 전체적인 니즈와 문제를 해결하기 위해 GE 전체 제품의 영업 전문가와 협업해 즉, 고객 담당 영업직원의 수를 늘렸다. 고객 담당 영업직원 역할을 만들고 이들에게 고객의 병원 비즈니스에 관한 고차원 교육을 받게 했다. 병원을 운영하는 경영진의 입장에서 보는 조망을 가지게 한 것이다. 고객 담당 영업직원은 제품에 관한 지식보다 병원 업무에 관한 지식을 늘리는 데 노력했다. 고객 담당 영업직원과 제품 담당 영업직원이 협업해 고객의 니즈를 만족시키는 고객가치를 제공하게 했다. 보상제도도 이들이 서로 협업할 수 있도록 팀 인센티브를 제도화하고 약 1년 여에 걸쳐 두 기능으로 나누어 역량을 개발하게 했다.

이 영업 조직 혁신은 성공적이었다. 고객의 통합 구매에 따라 매출이 줄지 않고 되려 병원 사업의 성공을 위한 통합 제안을 통해 매출이 더욱 커지는 결과를 만들어낸 것이다. GE 헬스케어의 한 임원은 이 성공 요인을 이렇게 평가했다.

"이 혁신의 가장 큰 성공 요인은 일선 영업관리자가 새로운 영업 조직 혁신에 적극적으로 임하게 했던 것입니다. 우리는 우리의 역량을 바꾸었고 채용과 선발, 교육, 코칭 모델도 이에 따라 수정했습니다. 새로운 고객 담당 영업직원 모델을 제대로 이행하기 위해, 영업관리들이 영업직원들이 변화 관리를 하도록 미팅과 토론을 통해 독려했습니다. 관리자들이 무슨 이야기를 해야 할지, 영업직원의 질문에 어떻게 대답해야 할지, 변화의 혜택이 무엇인지에 관해 먼저 고민하고 직원들과 소통했고 지속적으로 일관성 있게 직원들에게 메시지를 전달한 것이 이 혁신의 성공요소였습니다."

GE 헬스케어의 고객 담당 영업 조직으로 혁신은 고객을 중심으로 하는 영업주도 조직의 문화와 일선 영업관리자의 헌신으로 이루어졌다 해도 과언이 아닐 것이다. 고객 중심의 문화와 이를 일관성 있게 실행할 영업관리자는 영업주도 조직의 큰 자산이다.

PART 2

회사가 가려는 길에 '영업의 생각'을 포개다

기업 전략과 영업 전략 연계하기

Sales & Corporate
Strategy

환경과 기술의 변화는 기업 전략을 변화시킨다. 기업은 환경의 변화에 적극적으로 대응해야 생존할 수 있기 때문이다. 영업직원은 시장의 첨병이다. 기업 전략이 변화하면 영업 전략도 따라가야 한다.

기업 전략과 영업 전략은 연계돼야 하고 기술과 환경의 변화에 따라 영업은 먼저 진화해야 시장에서 성공할 수 있다. 시장에서 성공하기 위해 기업의 전략에 고객 접점 현장의 목소리를 반드시 포함해야 하고, 같은 맥락으로 최근의 급속한 기술의 발전에 능동적으로 대응해야 한다.

1

영업 전략이 곧, 기업 전략이다

영업 전략은 누구에게 팔고, 고객에게 제공하는 가치는 무엇이며, 어떻게 파느냐에 관한 것이다. 성공적인 영업 전략은 고객에게 가치 있는 제품과 서비스를 제공하는 효과적이고 효율적인 영업 프로세스를 만들고 실행하는 것이다. 즉 영업 전략의 개발은 첫째, 시장 혹은 고객을 세그먼트(segment)로 나누고 둘째, 그 시장과 고객에게 맞는 제품과 서비스 오퍼링(offering)을 만들고 셋째, 이 제품과 서비스를 고객과 시장에 팔고 전달하고 서비스하는 모든 영업 프로세스를 설계하고 이행하는 것이다. 영업 전략은 기업의 어떤 레벨의 전략보다 실천적이어야 한다. 왜냐하면 영업 전략은 고객과 접해 있는 최전선의 전략이기 때문이다.

기업의 전략 개발은 다양한 레벨에서 진행된다. 기업 전체 전략과 사업부 전략, 마케팅 전략, 영업 전략의 레벨로 개발된다. 기업 전략의 최고봉은 전사 전략이다. 경영진은 기업 전략을 만들어 가장 높은 수준의 기업 미션을 정한다. 기업의 미션은 "이 산업에서 리더가 된다."와 같이 광범위하게 정한다. 전사 성장률과 주주 배당에 관한 넓은 의미의 전략을 만들며 전사 전략을 바탕으로 사업부 조직을 정의하고 이를 기반으로 사업부의 목표를 할당하며 이후에 사업부의 전략과 운영을 관리한다. 사업부는 전사 전략을 기초로 사업부 전략을 개발하고 때때로 사업부의 목표를 맞출 수 없다고 생각되면 사업 항목을 다변화하고 투자한다. 마케팅부서는 각 사업부와 전사 전략을 달성하기 위해 마케팅 전략을 만들고 실행하며 영업부서는 담당 고객과 시장에 고객가치를 제공하기 위한 오퍼링을 만들고 타 부서와 협업해 고객가치를 제공하고 매출을 창출시키고 궁극적으로 고객을 만족시킨다.

소규모 기업의 경우 전사 전략과 사업부 전략은 하나가 되기도 하며 마케팅 전략과 영업 전략이 통합되기도 한다. 반면 대규모 기업의 경우 전략의 레벨이 4개 이상으로 추가되기도 한다. 어느 경우든 가장 상위 전략인 전사 전략과 나머지 레벨의 전략이 밀접하게 연계되어야 한다.

영업을 기업 전략의 중심에 놓아라

　프랭크 세스페데스 교수는 2014년 10월호 〈하버드 비즈니스 리뷰〉에 게재한 '전략의 중심에 영업을 세워라(Putting Sales at the Center of Strategy)'에서 기업의 전략과 영업 현장이 연결되지 않는 것에 관해 심도 있게 분석했다. 그의 연구에 의하면 기업들이 세운 전략 중 성공적으로 이행되는 전략의 비중은 전체의 10%도 안 된다고 한다. 전략 수행에 따른 재무 성과도 처음 목표치의 평균 50~60% 수준에 머문다고 한다. 이런 결과가 나온 이유 중 한 가지는 고객을 상대해본 지 오래된 전략가가 현장에서 벌어지는 일상의 업무에 스며들어야 할 전략적 초점에 관해 제대로 인식하지 못하고 낡은 비전과 전략을 제시하기 때문이다. 현장의 영업직원들은 현실과 동떨어진 전략을 이해하기 어려운 데다, 일상의 목표를 달성해야 하는 영업직원들은 이에 관심을 가지고 전략을 수행하기 어렵다는 것이다. 현장과 떨어진 전략 담당자와 마감에 치여 사는 영업 담당자 간의 괴리에서 비롯된 문제가 경영진의 기업 전략을 망칠 수 있다. 기업의 전략이 영업부서의 자원 배분에 관한 언급조차 하고 있지 않다면, 이 전략이 제대로 수행되지 않는 것은 명백한 일이다.

　기업의 전사 전략에 대해 논의할 때 반드시 영업부서를 염두에 두어야 한다. 영업 현장은 기업의 가치가 만들어지기도 하고 소멸되기도 하는 접점의 마지막 단계이다. 기업의 목표가 완성되는 곳이다.

기업 전략이 완성되는 곳의 요구가 반영되지 않고 심지어 소통도 안 된다면 기업의 전사 전략은 무용지물이 된다.

규모가 큰 글로벌 회사의 경우 이러한 전사 전략과 현장 목소리의 동떨어짐은 더 자주 나타난다. 전략을 담당하는 기획 부서의 전문가 집단은 탁월한 수준의 전략 전문가일 뿐만 아니라 종종 외부에서 글로벌 컨설팅 회사 출신의 베테랑 전문가를 스카우트하기 때문에, 전사 전략을 수립하는 인력 집단만으로 수행하기가 어렵지 않다. 삼성전자에서 B2B사업을 할 때도 전사 기획 팀의 인력 상황은 비슷했다. B2B사업 강화 전략을 수립하는 TF가 꾸려졌고 이 TF의 리더는 글로벌 전략 컨설팅 기업에서 선발된 임원이었다. 그 팀에는 베테랑급 전략 기획 인력이 다수 포진하고 있었다. 보통의 경우 현장 영업팀은 전략에 특화된 이러한 인력과는 소통을 많이 하지 않는 편이다. 이 전략 역시 수행 인력과 소통 없이 전략 인력만으로 진행이 되었더라면, 아마 이 실제 수행 인력인 영업팀은 이를 마음으로 받아들이지 않았을 것이다. 이를 예방하기 위한 경영진의 생각이었겠지만, 이 TF는 전사 전략 기획 팀과 각 TV, 모바일, IT 등 제품 사업부의 마케팅과 영업 임원, 각 나라의 고객 담당 마케팅과 영업 임원으로 구성되었다. 기획 단계에서도 매월 회의를 통해 현장 영업의 목소리를 반영하여, 본사 기업 전략에 대한 컨센서스를 이끌어냈다. 실행 단계에서도 전략 인력과 수행 인력이 함께 진행 과정을 관리했다.

영업주도 조직의 기업 전사 전략 수립에는 반드시 현장 영업의 목소리가 반영되어 실현 가능한 전략이 나올 수 있게 해야 한다. 지속적인 현장과의 소통을 통해 영업직원이 전사 전략을 수행할 수 있도록 도와야 하며 새로운 전략 실행을 위해 영업 생산성 향상을 위한 인센티브와 제도 등을 만들고 지원해야 한다. 아울러 새로운 전략 실행을 위한 영업역량이 무엇인지 찾아내고 이 영업직원의 역량 개발에 투자해야 하며, 궁극적으로는 본사와 현장 영업이 강하게 연결되어 언제든 현장의 목소리를 듣는 체계와 문화가 만들어져야 한다.

이처럼 기업 전략과 영업 전략을 잘 연계한다고 하더라도 실행 단계에서 고객 접점에 있는 영업직원까지 제대로 전달되기 위해서는, 일선 영업관리자의 역할이 무엇보다도 중요하다. 일선 영업관리자가 본사의 기업 전략을 받아들이지 않거나, 일선 영업관리자와 경영진과의 소통이 원활하지 않다면 현장의 목소리를 반영한 기업 전략도 고객 접점에서 실행되지 않는다. 글로벌 제약회사 쉐링플라우(Schering-Plough)의 프레드 핫산(Fred Hassan) 회장은 "기업 전략의 실행을 위해 일선 영업관리자가 매우 중요하고 경영진이 이들과 비전을 공유하여 정기적인 소통을 하는 것이 전략 수행을 위해 반드시 필요하다."고 강조했다. 기업 전략을 실제로 작동하게 하기 위해 일선 영업관리자를 중간 매개체로 육성하고 현장의 영업직원이 이를 이해하고 따를 수 있도록 해야 하는 것이다.

2

무식한 영업은 그만!
세상의 변화에 대응하라

시장은 끊임없이 변하고 진화한다. 시장에는 고객이 살고 있다. 고객이 살고 있는 시장이 변하면 고객가치 제공을 통해 시장에서 생존하는 영업직원 역시 함께 변하고 더욱 빠르게 진화해야 한다.

은행고객 담당 IT영업직원: 이제 전산실만 다녀서는 안 돼요. 고객이 사업부제로 바뀌면서 개인고객 영업 본부에서 직접 CRM(고객관계관리) 시스템 구축 제안의뢰서를 보내고 프라이빗뱅킹 시스템 구축 제안의뢰서도 발송했어요. IT를 잘 모르는 부서 직원이 구매 결정을 하니 개인고객 본부 용어로 제안서도 쓰고 그분들을 설득하자니 하드웨어, 소프트웨어 기술보다 개인고객 영업, 즉 은행의 개인을 대상으로 한 소매 영업을 알아야 하게 되었어요. 힘들기는 하지만 재미있기도 해요. IT솔루션을 고객의 업무로 풀려니 흥미롭기까지 합니다.

증권고객 담당 IT영업직원: 무슨 소리! IT는 IT용어로 써야지. 증권 고객은 지금도 TPS(초당 거래건수)가 중요하고 현업보다 전산실에서 구매 결정을 하기 때문에 우리는 필요 없어. 하드웨어 용량과 소프트웨어 기능을 설명하고 증권업무 애플리케이션 설명만 하면 우리 제품을 사게 되어 있어. 뭘 골치 아프게 고객 업무를 알고 현업을 왜 만나? 그냥 전산실장하고 잘 지내면 되지.

은행고객 담당 IT영업직원: 아닌데! 우리도 작년까지는 전산 부서만 설득하면 됐는데 갑자기 사업부제가 생기더니 이제는 전산 부서를 설득해도 현업을 설득 못하면 영업 안 돼요! 돈 쓰는 부서가 현업으로 확실히 바뀌었어요!

IMF 이후 생긴 고객 변화에 따른 영업직원의 대화 내용이다. 고객이 원하는 IT시스템을 개발해주는 시스템 통합 사업, 즉 IT서비스 개발 사업이 우리나라에 도입된 것은 1990년대에 들어서였다. 초반 이전에는 IT업무 개발이 IBM, 유니시스와 같은 대형 컴퓨터 회사로부터 대형 컴퓨터와 오퍼레이팅 소프트웨어를 구매하고 업무개발은 판매 회사 엔지니어의 도움을 받아 고객이 직접 개발했다. 1990년대 초반에 들어와서야 고객의 업무 개발 요건을 바탕으로 개발비를 받고 IBM과 액센츄어(Accenture) 등 시스템 통합 회사들이 업무를 개발해주는 SI사업을 시작했다.

예를 들어 은행의 대출 시스템 개발에 관한 제안의뢰서를 IT시스템통합 회사에 보내 제안서를 받고 구매 결정을 하고 업체를 선정하는 프로세스가 1990년대 이후 제대로 진행되기 시작했다. 대형 IT 개발 프로젝트의 발주가 활성화된 것은 1990년대 중반이 지나서였다. IT시스템에 문외한이었던 고객의 현업부서들은 1990년대 중반까지 전문 IT부서(당시 전산부)에 IT 관련 모든 것을 의지할 수밖에 없었고 IT기업들은 매출을 극대화하기 위해 전산부 임직원 대상으로만 영업을 할 수밖에 없었다. 고객의 현업부서는 잘 모르는 IT 관련 내용으로 발주되지만, 워낙 IT가 생소한 데다가 전산 투자는 IT부서에서만 관리되었기에 IT회사, 즉 컴퓨터 회사와 접촉하려고 하지도 않았다.

그런데 1990년대 말 IMF 위기가 닥쳐왔고, 고통 속에 IMF를 극복한 은행은 이런 상황을 달리 보기 시작했다. IMF 사태로 인해 여러 은행이 도산하고 M&A를 통해 없어진 은행도 생기는 등 큰 고난을 겪었다. 이후 은행 경영진은 앞다퉈 사업부제도를 도입하기 시작했다. 기업의 본부별로 매출과 손익을 평가하고 이를 기반으로 본부 임직원의 승진과 해임 등의 조치를 취하기 시작한 것이다. 본부의 손익 평가가 시작되자, 각 본부별로 IT 관련 투자에 큰 금액이 들어가 있었기 때문에 이에 대한 관리에 큰 관심을 가질 수밖에 없었다. 이에 따라, 전산부가 아닌 사업부에서 직접 IT프로젝트 발주를 내기에 이르렀다. 예를 들어 개인고객 본부에서 'CRM시스템' 구축이라는 사업이 발주되는 경우, 비용 측면도 있지만 이 시스템이 제대로 개발이 되어야 개인고객 본부의 성과지표인 은행의 매출이 성장하기 때문이었다.

지금은 IT부서뿐만 아니라, 기업의 현업부서도 IT에 관한 전문성을 가지고 있지만 당시에는 IT가 지금처럼 모두에게 익숙한 분야가 아니었다. 개인고객 본부에서 CRM시스템 구축 발주를 내긴 했지만 여전히 현업부서는 IT에 관한 문외한이었고, 그렇다고 비용과 효과 측면의 중요한 사업을 전산 부서에만 맡길 수도 없는 문제에 봉착하게 된 것이다.

1990년대 말 IMF를 이겨낸 우리나라의 거의 모든 기업들이 사업부제 도입을 시도했고, IT시스템에 대한 도입 결정을 전산 부서가 아닌 현업에서 시작하게 되었다. 엄청난 시장환경의 변화였다. IT시스템을 다루는 기업 입장에서는 기존에 전산 부서 임직원만이 고객이었다. 그들과 신뢰 관계를 맺고, 전산부의 니즈와 문제를 파악하고, 전산부의 고객가치를 고민하고 제안하면 영업에 성공할 수 있었는데, 갑작스런 IMF의 출현으로 현업부서 임직원이라는 새로운 고객이 등장한 것이다. 준비할 틈도 없이 갑자기 말이다.

은행의 개인고객본부, 기획부서, 재무부서, 인사부서 등 각 현업부서가 IT시스템의 실질적인 의사결정자로 등장한 것이다. 현업부서 임직원들은 사용하는 용어도 달랐다. 영업직원은 IT부서와 IT 관련 용어로 소통할 수 있었지만, 개인고객 본부와 소통하려면 IT 관련 용어를 개인고객 본부의 용어로 바꾸어 소통해야 했다. IT부서의 고민을 해결하는 제안은 거부되고 개인고객 본부의 고민을 해결하는 제안을 해야 했고 개인고객 본부의 업무를 이해해야 했다.

　미국 및 유럽에 기반을 둔 글로벌 IT기업들은 일찍부터 기업고객들이 사업부제도를 도입했기 때문에 이를 먼저 경험했다. 따라서 당시 한국IBM의 금융사업 본부는 1990년대 중반 이후부터 본사의 환경변화를 벤치마킹했다. IT회사임에도 불구하고, 연구실에서 금융업무별 솔루션을 기획해 준비하고 있었다. 또한 은행 영업부장이었던 나를 포함한 은행 영업부는 전산 부서뿐만 아니라 현업부서와의 소통을 늘리고 현업부서 업무를 공부해 고객가치를 IT에 추가한 현업 영업을 연습하고 실행했다.

　시장환경 변화에 먼저 적응해 IT영업에 추가한 현업 영업을 실질적으로 수행한 결과, 2000년대 초반에 들어서 금융고객에게 효율적인 시스템을 구축하고 괄목할 만한 성장을 이루는 데 일조할 수 있었다. IBM 은행 영업부 또한 큰 실적을 이루어냈다. 당시 IBM 내에서는 은행 영업부가 큰 실적을 낸 것이 IMF 위기 이후 찾아온 특수를 얻은 큰 행운이라고도 했지만, 당시 그 특수를 만들어낸 것도, 이를 얻은 것도 고객이 살고 있는 시장환경 변화를 일찍 읽고 먼저 영업 전략과 행태를 변화시켰기 때문이다.

시장은 변한다. 시장이 변하고 나서 영업 전략과 행태가 변한다면 경쟁사가 나보다 먼저 시장을 가져갈 것이다. 시장환경 변화를 먼저 읽고 남들보다 먼저 영업이 진화해야 시장에서 성공할 수 있다. 고객의 일거수일투족을 보는 마켓 센싱의 개념뿐만 아니라, 시장의 큰 흐름을 보고 느끼면서 지속적으로 변화해야 영업주도 조직의 영업직원이라 할 수 있을 것이다.

'연결성'의 세상에서 통하는 영업

새로운 기술 문명의 시대가 열렸다. 소프트웨어 기술을 기반으로 한 디지털 연결성이 제4차 산업혁명 시대를 열었고 사회를 근본적으로 변혁시키고 있다. 인공지능과 로봇, 빅 데이터와 클라우드, 3D프린팅, 블록체인, IOT, 바이오 기술 등 거의 모든 지식정보 분야의 발전이 4차 산업혁명을 이끌고 있다. 이 과학기술을 기반으로 한 '연결성의 세상'은 그 속도, 범위와 깊이, 사회적 시스템이 일으킬 충격에 대해 함부로 예측을 할 수 없을 정도로 사회 진반에 큰 변화를 줄 것으로 보고 있다.

지금까지는 시장환경 변화에 따라 영업 전략과 영업 행동이 진화해왔다. 그런데 이제는 4차 산업혁명이라 말하는 기술의 변화로 인해 고객의 행동과 행태가 바뀜으로써 영업이 변화하고 진화해야 하는 세상을 맞게 되었다. 엄청난 기술의 변화가 시장의 변화 즉, 고객의 변화를 만들고, 이것은 궁극적으로 영업의 변화로 이어질 것이다.

아직은 예측하기 어려운 최근의 엄청난 기술 변화가 영업 전략에 어떤 영향을 미칠지 조심스럽게 예측해보도록 하자.

첫째, 제품이나 서비스에 대한 고객가치 제공이 영업직원의 성과지표에 더욱 중요해질 것이다. 모바일 앱과 소셜 미디어의 확산은 고객에게 즉각적인 제품과 서비스 경험, 많은 선택의 자유를 허락했다. 고객의 기대는 접근할 수 있는 많은 정보와 소통을 통해 점점 더 커질 것이고, 영업직원은 이렇게 스마트하게 진화하고 있는 고객에게 제공할 가치를 끊임없이 고민하고 제안해야 시장에서 생존할 수 있다. 곧 인공지능과 빅데이터를 이용해 고객의 가치를 예측, 제안하고 이를 이용하는 영업 조직의 고객가치 제공 지수는 경쟁사보다 높아질 것이다. 이미 고성과 영업 조직은 고객가치를 가장 중요한 성과지표로 삼고 있고 이는 더욱 많은 조직에 적용될 것이다.

둘째, 팀 간 협업이 더욱 중요해질 것이다. 고객가치는 내부 부서 간의 인력과 자원의 협력을 통해 일어난다. 영업과 마케팅, 개발, 기술지원, 경영진 모두가 협업해 고객가치를 제공해야 한다. 기술의 변화에 따른 고객 만족을 위해 팀 간 협업이 더욱 필요해질 것이다.

셋째, 각각의 고객을 만족시켜야 하는 원투원 맞춤형 관계 관리로 향한다. 고객은 모두 영업기업의 VIP가 되고 싶어 한다. 대량생산 체재에서는 나에게 조금 맞지 않는 상품도 참아 넘겨야 했다. 그러나 새로운 기술과 디지털 연결로 모든 고객이 각자의 요구를 만족시킬 수 있고, 고객 각자가 VIP로서 대우받을 수 있게 되었다. 맞춤형 원투원 솔루션으로 각 고객에게 고객가치를 제공해야 하고 지속적인 소통으로 많은 사람 중의 한 사람이 아닌, 단 한 사람뿐인 고객으로 대우하는 시대가 온 것이다.

최근 나는 '임진환's 영업이야기'라는 페이스북 페이지를 운영하고 있다. 영업에 관한 많은 관심 때문인지 팔로워가 꽤 되는 편이고 이들에게 도움을 주기 위해 격주로 칼럼을 써서 올리고 있다. 이 페이지 팔로워가 좀 더 쉽게 게시물에 접근할 수 있도록 페북 광고 플랫폼을 통해 광고를 하고 있는데, 이 광고는 간단한 클릭으로 이 내용에 관심 있는 대상에게 전달된다. 나는 이 광고을 담당하는 페이스북 직원이 누구인지도 모르고 만난 적도 없다. 아마도 이 페이스북 광고를 사용하는 고객은 엄청나게 많을 것이다. 그런데 이 서비스를 개인형 맞춤 솔루션으로 운영하고 있는 것이다. 예전 같으면 상상도 할 수 없는 일이지만 이제는 흔히 경험할 수 있는 일이 되었다.

4차 산업혁명의 기술 변화는 영업직원이 얼마나 기술을 적극적으로 사용하느냐에 따라 고객 만족과 고객가치 제공에 다가갈 수 있느냐를 결정하게 만들었다. 아울러 세일즈포스닷컴(salesforce.com)과 같은 영업활동과 고객관계 관리 툴의 발전이 더욱 빨라질 것이기 때문에 영업 중심으로 기업의 업무가 협업할 것이고 영업의 생산성 관리 또한 더욱 치밀해질 것이다. 최근에 인공지능을 통해 영업 활동 관리를 하는 소프트웨어까지 출시되고 있는 것을 감안하면, 기술의 변화에 따른 영업직원의 마음관리도 필요해 보인다.

3

'소셜 셀링'을
준비하라

새로운 기술 문명의 시대가 열렸다. 4차 산업혁명의 한 축인 소프트웨어 기술을 기반으로 한 디지털 연결성이 고객과 고객 산업의 변화를 가져왔고, 이 변화는 고객가치 제공의 중요성, 협업, 원투원 맞춤형 솔루션 등 영업의 진화를 요구하고 있다. 전 세계 80%가 인터넷상에서 디지털 정체성을 가지고 있고 이를 기반으로 모바일 앱과 소셜 미디어의 확산이 지난 20년간 급속하게 진행되었다. 디지털 정체성과 디지털 연결성이 고객의 변화와 영업을 변화하게 한 주범이라고 할 수 있다.

클라우스 슈밥(Klaus Schwab)은 그의 저서 《제4차 산업혁명》에서 "수많은 온라인 플랫폼과 미디어를 따라 새로운 디지털 정체성이 계속해서 만들어지고 있다. 페이스북, 트위터, 링크드인, 인스타그램 등 하나 이상의 디지털상에서 자신의 정체성을 보유하고 있고 이 계정을 통해 상호작용을 하고 있다."고 디지털 정체성의 확산에 관해 언급했다. 그는 "연결성이 점점 늘어나는 세상에서 디지털 삶은 실제 삶과 깊이 연계되어 있어 따로 분리해 생각할 수 없는 세상이 될 것이고 디지털상에서 개인 간, 그룹 간 신속한 상호연결성이 늘어나 정보의 보급과 교환이 더욱 정확하고 빨라질 것이다."라고 강조했다. 아마도 아직 우리가 모르고 있는 새로운 플랫폼이 곧 등장해 이를 대체하거나 더해짐으로써 디지털 정체성을 통한 연결이 더욱 확산될 것으로 예견된다.

소셜 셀링은 온라인에만 존재하는 것이 아니다

글로벌 기업들이 말하는 '디지털 세일즈' '소셜 셀링'은 과연 무엇인가? 소셜 셀링(social selling)은 새로운 현상이 아니다. 소셜 셀링은 영업 프로세스의 한 부분으로 원투원 맞춤형 관계를 개발하는 프로세스이다. 단지 최근의 페이스북, 트위터, 링크드인 등 디지털 소셜 네트워크를 통해 원투원 맞춤형 관계를 구축·유지하기 때문에 온라인 디지털상에만 존재하는 영업 형태로 받아들여지고 있는 것이다.

소셜 셀링은 온라인과 오프라인 모두에서 일어나는 영업이다. 소셜 셀링은 관계 지향형 영업 방식으로 기업고객 대상 영업, 소비자고객 대상 영업 등 모든 분야에서 진행되고 있다. 최근에는 인터넷의 출현과 디지털 연결성의 확산으로, 소셜 미디어 플랫폼을 이용해 고객과의 관계를 구축하고 이를 통해 매출을 창출하는 영업 방식으로 바뀌고 있다.

소셜 마케팅과 소셜 셀링은 어떻게 다를까? 소셜 셀링은 마케터를 위한 것이 아니고 영업직원을 위한 영업 방식이다. 소셜 셀링의 목적은 영업직원이 소셜 미디어 등 다양한 자원을 이용해 고객과 원투원 맞춤형 관계를 만들고 유지해 매출을 창출하는 것이다. 한편 소셜 마케팅은 소셜 미디어를 이용해 메세지를 개발하고 대중 고객을 향해 전달하는 마케팅이다.

얼마 전, 소셜미디어 영업을 하고 있는 글로벌 기업의 한 영업직원을 만난 적이 있다. 그가 한 말을 들어보면 소셜 미디어를 이용한 영업이 왜 중요해지고 있는지, 왜 준비를 하고 있는지를 이해할 수 있다.

"왜 많은 글로벌 기업들이 앞다퉈 '디지털 세일스'라는 이름으로 영업 방식을 바꾸기 위해 많은 비용과 시간을 투자하는 것일까요? 그 이유는 간단하고 분명합니다. 고객들이 변화하고 있습니다. 더 이상 고객들이 영업직원의 달콤한 말에 반응하지 않습니다. 고객이 직접 정보를 찾습니다. 전자제품을 사기 위해 전자제품 매장으로,

여행을 가기 위해 바로 여행사로 가는 것이 아니라 인터넷에 접속해 정보를 찾습니다. 정보를 찾은 후에 하이마트나 여행사로 향합니다. 직접 영업직원을 만나는 것을 선호하지 않습니다. 이제 고객은 다양한 온라인 채널을 통해 제품 정보를 찾고 실제 구매까지 하고 있습니다. 최근 고객은 디지털로 소통하고 이해하고 정보를 찾습니다. 영업은 고객과 같이 변화하고 성장해야 하는데, 고객이 변하고 있으니 영업도 당연히 변할 수밖에요."

디지털 정체성의 확산, 디지털로 연결하는 고객이 늘고 있고 그 고객이 점차 주요 의사결정자, 주요 구매자가 되고 있는 것이다. 이는 일반 소비자, 기업고객 모두에게 해당 되는 현상이고 유통을 통한 거래적인 영업이든, 고객의 문제를 해결해주는 자문적인 영업이든 상관없이 나타나는 변화이다.

온라인 영업 역량은 선택이 아닌 필수

소셜 미디어를 이용한 소셜 마케팅, SNS 마케팅은 이제 반드시 구현해야 할 필수적인 마케팅 기법이 되었다. 이제는 소셜 마케팅에서 한 단계 더 나아가 소셜 셀링의 시대를 준비해야 할 때이다. 소셜 미디어를 이용해 고객과의 원투원 신뢰 관계를 만들고 이를 통해 효율적으로 정보를 전달하며 고객가치를 제안해야 한다. 아무리 부정하려고 해도 수많은 고객이 소셜 미디어와 함께 살고 있고 특히 SNS에 많이 노출되어 있는 젊은 층의 고객이 곧 주요 의사결정자가 될 것이기 때문이다.

이미 글로벌 기업들은 소셜 셀링을 도입, 운영하고 있다. 디지털과 SNS 기술을 이용해 고객의 선택을 다양하게 넓히고, 모바일 환경에서 정보나 지식을 무한 접근할 수 있도록 함으로써 고객 만족을 창출하고 이를 통해 계약을 종결하는 새로운 방식이다. 이 영업 방식은 새로운 기술과 모바일 환경 그리고 고객의 SNS에 대한 익숙함이 만들어냈다고 볼 수 있다. 소셜 셀링을 통해 첫째, 새로운 고객을 찾고 둘째, 발굴된 고객과의 관계를 유지하고 셋째, 이 네트워크를 통해 고객의 수요와 니즈에 대한 다양한 정보를 전달하고 넷째, 정보 전달과 관계 유지를 통해 영업 기회를 늘리고 다섯째, 고객 만족과 영업 성과를 통해 매출을 올리는 결과를 얻어내는 것이다.

2016년 미국의 한 연구기관에서 300명의 영업전문가에게 실시한 설문조사를 발표했는데, 이 조사에 의하면 응답자의 62.9%가 소셜 셀링 방법이 영업에 중요하게 도움이 되었다고 답했다. 소셜 셀링을 수행한 영업직원의 63.4%가 자신의 회사 매출이 늘었다고 응답한 반면에, 수행하지 않은 영업직원은 41.2%만이 그렇게 응답했다.

한국에 지사를 둔 몇몇 글로벌 IT기업들의 경우도 디지털 세일즈 부서를 두어, 직접 영업을 수행하는 부서와 구분해 소셜 셀링을 시도하고 있다. 영업 규모가 작은 고객사의 경우는 영업 기회 발굴 창구를 소셜 미디어로 통일하고, 이를 통해 발견된 영업 기회는 영업 직원이나 대리점 채널을 통해 계약을 종결하는 프로세스를 운영한다. 관계 정립보다 효율성이 필요한 고객의 경우 디지털 세일즈 채널을 십분 활용하고 있는 것이다. 인적 접촉을 통한 영업을 수행해 왔던 사람들은 낯설고 받아들여지지 않는 방법이겠지만, 이제는 SNS 등 디지털 기술을 활용한 영업 방식도 판매경로의 하나로 자리 잡은 것은 확실해 보인다.

2015년 미국의 리서치 기업 가트너(Gartner)의 특별보고서 '소셜 셀링에 집중하라'에서도 소셜 셀링의 준비를 위해 영업 리더에게 3가지 중점사항을 주문했다. 첫째, 영업직원의 영업 도구로써만 소셜 셀링 방법론을 이용하지 말고 고객의 이해도를 높이는 데에도 집중하라. 둘째, 소셜 네트워크상에서 효과적으로 소통하기 위한 정보와 소스를 선별하는 능력을 키워라. 셋째, 소셜 셀링이 통합된 체제로 진행될 수 있도록 시스템과 프로세스를 구축하라.

기술의 발전은 영업 방식의 변화를 가져오고 있다. 여전히 영업에 있어 인적 자원이 가장 중요하지만, 디지털과 온라인상의 영업역량이 오프라인에서 새롭게 조화를 이루어내는 영업 방식이 활성화될 것으로 예상한다. 지금까지 경험에 의하면 시장과 고객의 변화는 반드시 영업의 대응을 바꾸게 만든다. 고객의 사업 접근 방법의 변화가 IT기업의 영업 방식을 혁신적으로 변화시킨 것처럼 말이다.

더구나 고객의 변화, 즉 구매 담당자의 변화는 말할 필요도 없다. 20여 년 전에 태어난 아이들은 컴퓨터를 매뉴얼 없이 다룰 줄 알았다. 지금 30대인 사람들은 이미 소셜 미디어가 생활이다. 개인고객이든 기업고객이든 의사결정자 모두 소셜 미디어가 생활화된 인류이다. 그들이 곧 경영진이 될 것이다. 그리고 이미 그들은 중요한 구매 담당자가 되어 있다. SNS의 출현과 생활화에 따른 소셜 셀링은 선택이 아니다. 어떠한 방법으로든 영업 행위에 직접적이고 거대한 영향을 미치고 있고 그 충격은 더욱 커질 것이기 때문이다.

이미 소셜 마케팅은 아무도 부정할 수 없는 마케팅의 큰 축이 되었다. 소셜 셀링은 기술의 변화로 인한 고객의 변화가 만들어낸 현실이다. 대면 문화가 어느 나라보다 강한 한국이지만 대세는 어쩔 수 없을 것이다. 어떤 분야의 영업을 하는 것과는 상관없이 기업과 영업직원은 IT 기술과 SNS 등 새로의 비즈니스 모델의 변화에 적극적으로 적응해야 하고 이에 대한 준비를 해야 한다.

4

미래의 영업 트렌드를
주시하라

소셜 네트워크상에서 고객을 만족시키기 위해 미래 영업은 많은 변화를 겪을 것이고, 고객과 산업의 변화가 영업 전략과 행동을 빠르게 진화시킬 것이다. 앞서 논의했던 것처럼, 기술의 발전과 사회적 환경 변화로 인해 고객은 보다 많은 정보를 쉽게 획득하고 이를 기반으로 의사결정을 하기 시작했다. 이에 따라 기업은 더 의미 있는 고객가치를 제안해야 하고 이를 위해 강력한 협업을 이끌어내야 하며, 모든 고객과 일대일 관계를 맺고 고객을 감동시켜야 한다.

이러한 변화는 현재로서도 더욱 크고 빠르게 미래 영업에 영향을 줄 것으로 보인다. 그렇다면 미래 영업은 어떻게 바뀌게 될까? 전문가들의 견해를 토대로 정리해보자.

소셜 셀링의 시대

소비자 마케팅에서 입증된 소셜 미디어 마케팅을 시작으로 외국계 B2B기업들은 이미 소셜 미디어를 영업에 이용하고 있다. 디지털 세일즈라는 이름으로, 가망고객을 발굴하고 매출까지 이르는 소셜 셀링의 시대가 열리고 있다. 여전히 영업에서 고객과의 관계, 고객 가치는 중요하다. SNS를 사용한다고 관계가 중요시되지 않는 것이 아니다. 고객 관계가 면대면 소통만이 아닌, 소셜 네트워크상의 소통도 중요하게 되는 것이다. 사회와 고객이 변했기 때문이다. 차를 함께 마시고 식사를 같이 하는 것에 추가해 온라인 네트워크상에서 정보를 교환하고 고객가치를 제공해야 한다.

영업의 빅데이터 분석 시대

디지털 경제의 확산으로 규모를 가늠할 수 없을 정도의 많은 정보와 데이터가 생산되고 있다. 그야말로 '빅데이터(Big Data)' 환경에 살고 있다. 빅 데이터란 과거 아날로그 환경에서 생성되던 데이터에 텍스트, 팩스, 영상 데이터 등을 모두 포함하는 대규모 데이터를 말하는데, IT기술의 발전으로 이 데이터를 분석하고 이를 실생활에 쉽게 이용할 수 있게 되었다. 이제는 고객이 무엇을 원할까에 대한 생각과 추측이 아닌, 실제로 무엇을 원하는지 알 수 있는 세상에 살고 있는 것이다. 빅 데이터 덕택이다. 빅 데이터 분석을 통해 기업은 영업을 활성화시키고 더 나은 가망고객을 찾아 더 효율적으로 영업 조직을 운영하는 세상으로 가고 있다. 고객 개개인의 니즈를 만족시키는 양방향 콘텐츠를 만들고, 이를 전달해 마케팅과 영업이 일체가 되는 시대를 만들 수 있을 것으로 보인다.

고객가치 제일 시대

다양한 정보를 획득할 수 있는 고객, 빅 데이터 분석을 통해 고객의 니즈를 정확히 아는 기업, 이를 실시간으로 소통하는 콘텐츠로 고객의 니즈는 계속 진화할 것이 확실하다. 만족된 니즈는 더욱 높은 레벨의 고객 니즈를 양성시킬 것이고 기업과 영업직원은 고객의 고차원적인 니즈를 채워주는, 아니 고객이 생각해보지도 못한 가치를 고민하고 제공해야 하는 세상이 온다. 적당한 고객가치는 가격으로써 고객에게 의미가 없다. 기업가 정신, 주인 정신으로 결합된 역량 있는 영업직원과 전사 타 부서 직원들이 함께 고객가치를 고민하고 제공하는 시대가 온다.

협업의 시대

이러한 고객가치를 제공하기 위해서는 전 부서가 협업해야 한다. 경쟁 체제는 무한 가치의 협업을 요구할 것이다. 무한 고객가치를 만들어내기 위해 영업과 마케팅은 한 몸이 되어야 하며, 각 부서는 영업을 중심으로 고객을 바라봐야 한다. 기업의 전 부서가 고객가치를 만들기 위해 협업하고 기업 전략을 짜야 한다. 영업주도 조직의 문화를 만들고 오케스트라 지휘자인 영업직원을 중심으로 고객 감동을 이루어내는 것이다.

미래의 영업은 지금과 같은 고객을 대상으로 한다. 단 기술과 사회적인 변화로 진화한 영업의 모습이 나타날 뿐이다. 업종 및 영업의 형태에 따라 진화의 속도는 조금씩 차이가 나겠지만 모든 산업의 영역에서 미래 영업은 올 것이다. 그런데 고객은 지금까지와 크게 다른 사람들이 아니다. 소셜 셀링, 빅데이터, 고객가치, 협업이 모두 동일하다면 고객은 누구의 물건을 사겠는가? 시장과 기술의 변화, 영업 접근 방식의 변화에도 변치 않는 것은 '고객은 믿을 수 있는 사람의 설득과 가치'를 존중한다는 것이다. 경쟁사 모두 새로운 시대를 슬기롭게 극복한다면, 그 다음은 신뢰 관계로써 차별화를 두는 것이다. 고객은 효과를 기대하고 구매한다. 믿을 수 없는 사람의 설득과 가치는 고객에게 예전이나, 지금이나, 미래에도 아무 의미가 없다.

기술의 변화와 영업전문가 채용 프로세스

영업직원은 전문가이다. 그래서 헤드헌팅 업체가 영업전문가의 인력 풀을 보유하고 기업의 요구에 맞추어 소개하고 수수료를 받는다. 헤드헌팅 업체는 다양한 전문인력 풀을 가지고 있다. 금융전문가, 인사전문가, 공직, IT전문가, 마케팅전문가, 재무전문가 등 다양한 전문인력 풀이 그들의 상품이다. 그중 영업전문가를 소개하는 비중이 꽤 높다고 한다. 기업의 가장 큰 목표인 '잘 팔고'를 위해 필요한 전문인력이기 때문이다.

그런데 최근 이런 영업전문가 헤드헌팅 업계에 변화가 있었다. 대기업들이 헤드헌팅 업체에 소개를 의뢰하는 것을 줄이고 헤드헌팅 전문직원을 직접 뽑아 자체적으로 전문인력을 찾기 시작한 것이다. 헤드헌팅 업체 입장에서는 자신의 시장에 대체상품이 등장한 것이다. 이를 촉진시킨 이유 중 하나는 기술의 발전, 소셜 미디어의 출현과 확산이다. 기업이 외부 영업전문가를 채용하려고 할 때 헤드헌팅 업체에 맡겼던 이유는 인력 풀에 대한 데이터베이스가 없었기 때문인데 이제는 헤드헌팅 전문직원과 아울러 페이스북, 링크드인 등 소셜 미디어를 통해 전문가를 쉽고 효율적으로 채용할 수 있게 된 것이다. 인력중개 전문인력을 뽑고 소셜 미디어을 이용하면 쉽고 효과적으로 전문 영업 인력을 찾고 채용할 수 있게 되었다.

'링크드인(LinkedIn)'은 각자 개인 네트워크를 가진 글로벌 전문가 소셜 네트워크이다. 이 포럼에서는 자신을 소개하고 전문가 그룹과 소통, 협업하는 가운데 구직 활동도 할 수 있고 기업은 구인 공고를 올릴 수 있다. 전문가 그룹 소통을 통해 회사에 필요한 역량을 가진 인력 풀을 찾아 볼 수 있고 개인은 자신의 역량에 맞는 기업을 온라인 네트워크를 기반으로 찾을 수 있는 것이다.

수많은 사람들이 이미 회원인 '페이스북'은 페이스북 마켓 플레이스와 페이지를 통해 채용 광고를 할 수 있고 타깃팅하려는 정확한 잠재 대상을 선택할 수 있는 페이스북 광고를 이용해서도 영업전문가를 채용할 수 있다.

140자 미만으로 네트워크상에서 소통하는 '트위터'도 한몫한다. 트위터의 서치 기능을 통해 전문 인력을 찾을 수 있고 회사의 트위터 계정을 이용해 잠재 구직자에게 메시지를 전달할 수 있다.

이렇듯 기술의 변화는 영업전문가 채용을 더욱 효과적, 효율적으로 할 수 있게 했다. 헤드헌팅 업체의 영업직원인 헤드헌터는 이러한 기술의 변화로 어려운 시장환경을 맞았고 나름의 해결책을 찾아야 하는 상황이 되었다.

얼마 전 헤드헌팅 업계에 20년 넘게 종사하고 있는 지인을 만났는데, 또 하나의 기술 변화가 영업전문가 채용 프로세스에 더욱 큰 변화를 안겨주고 있다는 내용을 들었다.

"SNS와 회사 내에 인력중개업 전문가를 직접 채용해 채용 프로세스를 진행하는 바람에 우리는 굉장히 힘들어졌는데, 이제는 전체 헤드헌팅 업계의 에코 시스템을 바꾸는 변화가 생기고 있어요. 사람이 아닌, 인공지능이 인력 풀을 만들고, 적당한 역량을 가진 인력을 찾아내고 간단한 인터뷰도 수행해서 가장 가능성 있는 인재를 기업에 추천한다고 합니다. '왓슨'이라는 인공지능이 SNS와 기타 시장의 인력 풀을 통해 역량에 맞는 인력을 효과적, 효율적으로 찾아내고 간단한 면접도 해서 고객사 기업에 맞는 전문가를 알려준답니다. 영업선문가도 이제 인공지능을 통해 사람을 뽑게 되는 것이지요. 헤드헌터 업계도 또 기업에 채용된 인력중개 채용전문가도 점점 더 힘들게 생겼어요!"

소셜 미디어에 인공지능까지, 최근 기술의 변화가 영업전문가 채용 프로세스도 바꾸어놓았다. 더구나 헤드헌팅 업계의 영업직원인 헤드헌터는 이 새로운 변화에 대응하기 위한 준비를 서둘러야 할 것이다.

할리 데이비슨의
인공지능을 이용한 매출 확대

1903년 미국의 모터사이클 제작자인 윌리엄 할리(William S. Harley)와 아서 데이비슨(Arthur Davidson)이 설립한 세계적인 모터사이클 제조기업 '할리 데이비슨(Harley-Davidson)'은 겨울철 비수기의 매출 부진에 고민이 많았다. 어느 날 인공지능 기업인 '애드고리즘'과 이 고민에 대한 해결 방안을 의논한 후 애드고리즘의 인공지능 플랫폼인 '알버트'를 매출 확대에 사용하기로 결정한다.

매주 한두 대의 매출을 달성했던 뉴욕의 한 내리점에서 알버트를 사용한 첫 주에 15대의 매출을 기록했다. 알버트의 적극적인 이용으로 가망 영업 기회 발굴이 1개에서 40개까지 늘었을 뿐만 아니라, 3개월 뒤에는 가망 영업 기회가 2,930%까지 증가했다. 이 대리점은 늘어난 가망 영업 기회를 처리하기 위해 6명의 콜센터 신규 인력을 증원할 정도였다. 이 대리점은 뉴욕 인구의 2% 정도가 할리 데이비슨의 잠재 고객이라 추정해왔는데 알버트의 분석으로 잠재 고객의 수가 이보다 훨씬 더 크다는 것을 알게 되었다.

아마존, 페이스북, 구글 등이 인공지능을 이용해 개인화된 원투원 타깃 마케팅을 시작했다. 이들은 인공지능 혁명을 이끌고 있고 소비재 회사와 소매 업체에 큰 이점을 제공하고 있는데 최근 세일즈포스닷컴과 같은 많은 기업들이 더 쉽고 더 저렴하게 사용할 수 있는 인공지능 마케팅 툴을 시장에 내놓고 있다.

할리 데이비슨이 사용하고 있는 인공지능 툴인 알버트도 대리점의 웹사이트에서 관심을 보인 가망 고객을 매장으로 유인해 영업직원이 계약을 성사시킬 수 있게 만든 플랫폼이다. 할리 데이비슨이 제공한 창의적인 콘텐츠로 무장한 알버트는 대리점의 고객 관계 관리 시스템에 입력된 과거 고객 데이터를 분석해 제품을 산 고객의 웹과 소셜 미디어상의 특성을 추출한다. 이들에게 개인화된 원투원 마케팅 캠페인을 테스트해 잠재 고객에게 효과 있는 콘텐츠를 만들어낸다. 한층 더 가능성 있는 잠재 고객을 추출하고 종결 가능성이 더 높은 콘텐츠를 생성하는 것이다.

이렇게 발굴한 잠재 고객을 매장으로 오게 만드는 작업을 하면 더 많은 잠재고객을 끌어내고 구매율을 높일 수 있다. 결과적으로 할리 데이비슨은 알버트라는 인공지능의 똑똑한 마케팅 활동을 통해 가망 영업 기회를 더 많이 발굴하고 이를 계약으로 이끌어 매출을 크게 늘려준다. 똑똑한 알버트가 영업직원의 계약 가능성을 훨씬 높여주고 생산성 역시 끌어올린 것이다. 할리 데이비슨의 뉴욕 대리점 대표는 "시스템이 점점 더 좋아지고 있고 알고리즘은 지속적으로 진화하고 있습니다. 작년에 우리는 전년도에 비해 사업을 3배로 늘렸습니다."라고 알버트의 놀라운 효과를 설명했다.

아무리 훌륭한 디지털 툴과 마케팅 기술이 있다고 하더라도 인간은 한번에 몇 백 개의 단어와 콘텐츠를 시도할 수 없다. 반면에 인공지능은 1분에 몇 백만 번의 시도와 메시지를 테스트하고 끊임없이 반복함으로써 가장 적절한 메시지와 콘텐츠를 추출한다.

인공지능의 발전은 소셜 마케팅과 소셜 셀링의 출현으로 진화하고 있는 영업 전략과 수행에 두 발짝 더 앞으로 나가게 한다. 기술의 발전은 기업과 각 사업부의 전략을 영업 전략을 만드는 부서, 영업 현장에 근무하고 있는 영업직원에게 이에 대응해 변화하고 발전하기를 요구하고 있다.

PART 3

스스로
결정하는
'영업 엘리트'
시대가 온다

영업직원 중용하기

Sales Force

영업주도 조직은 영업직원들을 대상으로 성과에 입각한 동기부여와 공정한 보상 시스템을 실행해야 한다. 이런 환경에서 영업 기능은 모든 직원의 바람이 될 것이다.

저성장 시대, 무한경쟁 시대에 기업의 생존과 성장이 절대 숙명이라고 확신하는 기업이라면, 다른 부서의 유망한 직원들이 영업부서에서 근무해보고 싶도록 만들어야 한다.

"부장님, 제가 영업부서에서 근무를 몇 년 해보는 것이 어떨까요? 회사의 가장 중요한 직무이면서 고객 접점인 영업을 제대로 경험하지 못하고 인사를 계속한다는 것이 바람직하지 않은 것 같습니다. 영업직을 직접 겪어봐야 나중에 인사 전문가로 경력을 쌓을 때 도움이 될 것 같습니다. 현장을 제대로 알아야 인사 업무도 제대로 할 수 있지 않을까 생각합니다."

영업주도 조직이 되기 위해서, 시장에서 성장하는 기업이 되기 위해서는 이렇듯 영업직을 경험하고 싶어 하는 분위기가 만들어져야 하고 이것이 영업주도 조직의 가능성을 보여주는 척도이다.

1

역량은 동기부여와
결합되어야 한다

　영업 조직의 리더에게 영업직원의 동기부여는 또 하나의 과제이다. 동기부여란, '조직 구성원들로 하여금 자발적으로 일을 하게하는 것'이다. 이를 기반으로 하면, 영업직원의 동기부여는 '영업직원으로 하여금 자발적으로 영업과 관련된 활동을 수행하게 하는 것'으로 정의할 수 있다. 영업 목표를 달성하기 위해 만나기조차 원치 않는 고객을 만나야 할 때도 있고 실질적인 영업 목표를 달성해야 하는 시장의 접점, 비즈니스 전쟁터에 있는 영업직원은 특히 자발적인 동기부여가 그 어떤 업무 담당자보다 중요하다. 아무리 영업역량이 높은 영업직원이라 하더라도 동기부여를 통한 사기가 충전되지 않으면 성과를 기대하기 어렵다.

저명한 경영 컨설팅 기업인 'ZS Associates'의 창립자이자, 노스웨스턴 대학의 교수인 안드리스 졸트너스(Andris A. Zoltners)는 영업역량 개발과 동기부여를 통해 영업직원의 성과가 창출된다는 것을 증명했다. 그의 모델에 의하면 영업역량이 높더라도 동기부여가 되지 않는 영업직원은 회사를 떠나고, 동기부여가 되더라도 역량이 높지 않은 영업직원은 열심히 시도만 할 뿐이다. 성과로 표출되는 데까지 시간과 노력이 많이 드는 것이다. 영업주도 조직의 자산인 스타 영업직원을 육성하기 위해 회사는 영업직원의 교육과 훈련에 투자해야 하고 아울러 영업직원의 사기를 올려야 한다. 영업주도 조직의 성과를 내기 위해서는 영업직원을 위해 다양한 동기부여 방법을 적극적으로 사용해야 한다.

영업역량을 높이는 6가지 동기부여 방법

영업직원의 동기부여를 위해 회사의 리더는 다양한 방법으로 이를 구사할 수 있다. 동기부여 방법을 몇 가지 살펴보자.

첫째, 보상과 인센티브이다. 보상과 인센티브는 누구나 인정하는 동기부여 방법이며 이것은 반드시 공정한 목표 설정과 평가를 기반으로 이루어져야 한다. 영업직원은 매일 전쟁을 치르는 전투요원이다. 전투요원의 성과에 대한 보상과 인센티브는 반드시 필요한 동기부여 방법이기는 하지만 이것만을 통해서 동기부여가 완성되는 것은 아니다.

둘째, 승진이다. 탁월한 영업직원에게는 승진을 통해 동기부여함으로써 기업의 미래 영업 리더로 키울 수 있다. 단, 승진은 역량을 기반으로 해야 한다. 단지 영업 성과만을 가지고 사용하는 승진은 영업전문가로서의 경력 사이클이다. 영업관리자로서의 승진은 성과만이 아닌 영업역량과 인력 관리자로서, 사업가로서의 역량을 함께 고민해 시행해야 한다. 가끔 스타 영업직원이 영업 리더로써 자리를 못 잡는 사례를 주위에서 본다. 이는 영업역량만으로 승진이라는 동기부여를 잘못 사용한 예라고 볼 수 있다.

셋째, 공정한 담당 영역 지정과 탁월한 영업 지원이다. 탁월한 제품, 최고의 서비스, 훌륭한 개발 부서, 브랜드 등 최전선의 영업직원을 도와주는 이러한 최고의 것들이 동기부여 항목이 된다. 최고의 동료들과 함께 일한다는 것 자체가 영업을 좀 더 수월하게 할 수 있고 자존감에도 긍정적인 영향을 미친다. 아울러 수익성 있는 고객을 배분하고 구매력 있는 지역을 배정하는 것도 영업직원으로 하여금 신명 나게 일할 수 있게 하는 동기부여가 된다.

넷째, 체계적이고 과학적인 교육 프로그램의 지속적인 실행이다. 영업직원의 역량은 경력에 따라, 시장의 변화에 따라 지속적으로 진화해야 한다. 체계적이고 과학적으로 개발된 영업직원을 위한 교육 프로그램은 자신의 역량 발전에 목마른 베테랑 영업직원에게 중요한 동기부여 수단이다. 또한 매일 전투를 하는 영업직원에게 휴식과 준비를 위한 시간이 되는 것은 부가적 가치라고 할 수 있다.

다섯째, 칭찬과 인정이다. 영업직원에게 인정은 중요한 동기부여 항목이다. 특성상 성취욕이 강한 사람들에게 영업직의 유혹이 있다. 성취욕이 강한 사람에게는 칭찬과 인정이 필요하다. 비공식적인 리더의 칭찬과 감사 표시 등도 중요하며 동료와 가족들 앞에서 행해지는 공식적인 인정은 매우 중요한 이벤트다. 보험회사에서 매년 시행하는 '보험왕' 선발, 자동차 회사의 '판매명인' 등은 성취욕이 강한 영업직원의 큰 동기부여 수단이 된다. HP는 매년 100% 목표를 달성하는 영업직원들과 함께 해외 휴가지에서 'Leadership Summit'이라는 이벤트를 연다. 그중 특히 탁월한 성과를 낸 영업직원은 'HP President's Club'이라는 행사에 초대되어 부부 동반으로 멋진 휴양지에서 며칠간 행사를 하는 프로그램이 있다. 그해 목표 달성의 기여도에 따라 2가지 인정 프로그램을 운영하고 있는 것이다. 매년 동료와 가족에게 인정받는 이 행사에 참석하기 위해 최선을 다하는 문화가 생성되었다. 영업을 중시하는 글로벌 회사를 포함한 다양한 회사들이 이를 실행하고 있다. "칭찬은 고래도 춤추게 한다."는 말처럼 공식적인 인정은 의미 있는 동기부여 방법이다.

여섯째, 영업주도 조직 문화 확립이다. 영업주도 조직이 되기 위해서는 영업주도 조직 문화를 확립하고 유지해야 한다. 고객 제일주의, 책임과 약속의 이행, 공부하는 문화, 소통과 협업하는 문화, 궁극적으로 이기는 문화를 만드는 것이다. 이러한 영업주도 조직 문화는 영업 기능을 회사의 성장과 발전을 위해 가장 중요시하게 하며, 몸에 배도록 하는 조직적 측면의 동기부여 수단이다. 신입사원이 영업직을 원하고, 각 부서의 간부급 사원이 영업을 경험하고 싶은 마음이 생기는 조직 문화라면 이것으로 충분히 비금전적 동기부여가 될 것이다.

이처럼 영업직원의 동기부여 방법은 다양하다. 영업직원 개인별로 어느 동기부여 방법을 선호하는지는 또한 각각일 것이다. 이 다양한 방법을 조직의 발전을 위해 적절하게 조합해 개인별로 적용하는 것은 일선 영업관리자의 책무이다. 다시 한 번 영업관리자의 업무와 책임의 중요성을 알 수 있다.

돈이 다가 아니다

세계 최고의 제품을 가지고 있다고 하더라도, 큰돈을 들여 마케팅 기획서를 만들었다고 하더라도, 고객에게 팔지 못하면 아무 의미가 없다. 영업이 없다면 사상누각인 것이다. 영업직원은 시장의 접점에서 구매자와 접한다. 소비자든 기업고객이든 접점에서 판매 활동을 하는 것이다. 성취욕이 강해야 만나기를 원하지 않은 고객에게 다가갈 수 있으며, 계약을 했을 때, 판매를 했을 때, 큰 행복감을 느낄 수 있다. 영업직원이 움직이지 않으면 고객 접점을 떠나 있는 회사의 개발, 생산, 마케팅 어느 부서 직원도 매출까지 이를 수 없다. 그래서 성취욕이 강하며, 승부사 정신이 있고, 칭찬을 사랑하는 영업직원에게 동기부여가 필요한 것이다.

급여와 인센티브 등의 금전적 보상은 성취욕이 강한 영업직원의 동기부여 방법으로 중요하게 다루어져 왔다. 물론 지금도 중요한 동기부여 방법이긴 하다. 그러나 최근에 저성장 기조와 경쟁이 치열해지면서 금전적 보상과 함께 비금전적 보상의 중요성이 강조되고 있다. 맥킨지 보고서와 〈하버드 비즈니스 리뷰〉 등의 컨설팅 보고서에 의하면 금융산업계에서 발군으로 성장하고 있는 기업들은 비금전적 보상을 더 많이 하고 있다. 현금 이외의 비금전적 보상은 공정하고 신뢰할 만한 성과 관리 프로세스와 함께 제공되어야 그 역할이 제대로 작동한다.

칭찬하는 회사, 나를 인정해주는 회사, 분기마다 목표를 달성하면 휴가를 보내주는 회사…. 이런 것이 비금전적 보상이고 이런 기업의 문화는 동기부여를 훌륭히 하고 있는 것이다. 아울러 훌륭한 동료, 훌륭한 기업 문화도 영업직원을 일에 더 몰입하게 한다. 최근 급속한 기술 발전에 익숙한 젊은 영업직원들은 스마트폰과 아이패드 등 신기술 제품을 회사가 인센티브로 제공하거나 사용료를 대납해주는 것에 동기부여를 받기도 한다.

얼마 전 젊은 영업직원으로 구성된 팀원을 관리하는 일선 영업관리자가 회사를 옮기려 하는 직원과 소통하는 것을 보았다. 옮기려 하는 회사는 급여도 높고 인센티브도 좋은 회사였는데 결국 그 젊은 영업직원은 올바르고 덕이 있는 자신의 보스 때문에 회사를 옮기지 않았다. 그 관리자와 함께 일하고 싶어, 금전적인 보상의 동기부여를 거부한 것이다. 물론 그 관리자는 앞으로도 이 직원이 이직하지 않도록 하기 위해 다양한 동기부여 방법을 동원해야 할 것이다. 어찌 되었든 훌륭한 동료와 관리자도 비금전적 동기부여의 한 방법이다. 회사는 다양한 방법으로 성취감과 승부사 정신을 보유하고, 칭찬을 사랑하는 영업직원을 춤추게 해야 할 것이다.

2

신상필벌이
사기를 높인다

　영업주도 조직을 확립하기 위해서는 영업직원에게 책임과 권한을 정확히 부여하고, 이를 바탕으로 채찍과 당근을 주어야 한다. 신상필벌이다. "공이 있는 자에게는 반드시 상을 주고, 죄가 있는 사람에게는 반드시 벌을 준다."는 뜻으로, 상과 벌을 공정하고 엄중하게 하는 일을 이르는 말이다. 잘했을 때 철저하게 보상해야 한다. 승부 욕구는 명확한 신상필벌 아래 생겨나는 것이다. 이 방법의 하나로 거의 모든 글로벌 기업이 사용하고 있는 것이 인센티브 제도이다. 인센티브 제도는 매출 목표와 손익 목표를 계량화해 영업직원에게 부여하고 이 목표를 기초로 기본급과 인센티브를 정한다. 인센티브는 성과의 진도에 따라 비례적으로 지급한다. 직급에 상관없이 영업직원은 인센티브 제도를 통해 프로페셔널한 업무를 수행하게 되고 성과에 따라 급여가 지급되기 때문에 더욱 승부사 정신을 가지게 된다.

성과에 따른 인센티브 제도는 긍정적인 면이 많아서 대부분의 영업 기업들은 이를 실행한다. 기업의 성격이나 문화에 따라 인센티브율이나 제도의 내용은 조금씩 다르지만 대부분의 기업이 이를 적용한다. 예를 들면 성과에 매우 민감한 외국계 소프트웨어 회사들은 개인별로 기본급의 퍼센트를 줄이고 인센티브율을 높인다. 소프트웨어는 제품의 특성상 매출이 바로 이익이 되기 때문에 목표를 초과하는 성과에 대해서는 인센티브를 통해 영업직원에게 크게 보상한다.

인센티브 제도 적용 시 고려 사항

금전적 보상은 영업직원을 위한 가장 강력한 동기부여 방법이다. 특히 영업직원의 실적에 따라 지급하는 실적급인 '인센티브'는 매출을 강하게 추진할 수 있고, 우수한 영업직원을 채용할 수 있는 수단이다. 다양한 기업에서 CEO보다 더 많은 보상을 받는 영업식원을 보곤 하는데, 그 영업직원은 목표 대비 실적을 초과 달성함으로써 거액의 인센티브를 받는다.

우수 영업직원을 유치하고 유지하고 매출과 손익 등 기업의 전략적 목표를 달성할 수 있는 인센티브 제도는 효율적인 동기부여 방법이다. 단, 인센티브 제도를 운영할 때 몇 가지 고려해야 할 것이 있다.

첫째, 적용하려고 하는 기업의 문화를 고려해야 한다. 서구에서 시작된 인센티브 제도는 기본적으로 개인별 인센티브 제도를 원칙으로 한다. 목표를 팀으로 부여하지 않고 보상도 개인별로 한다. 철저하게 영업 영역과 목표를 구분해 개인별 영업 영역에서 나온 성과를 기초로 지급한다. 누구의 기여로 이 성과가 나왔는지에 관한 주관적 평가를 배제하는 것이다. 내 영업 영역에서의 성과인데 타 영업직원의 기여로 되었다고 하더라도 이 보상은 나의 것이다. 주관적 평가가 들어가면 돈과 관련해 옳지 못한 상황이 개입할 수 있기 때문이다. 따라서 개인별 성과보다는 팀워크를 중요시하는 기업 문화일 경우, 개인별 인센티브 제도를 적용하지 않거나 개인별 인센티브와 팀 성과급을 혼합해 적용하는 것이 맞다.

IBM에 재직하던 시절, 인사부에서 인센티브 기획 업무를 맡은 적이 있다. 당시 IBM은 영업 사관학교라 불리며 다양한 영업역량 육성 프로그램과 영업 문화를 가지고 있었는데, 인센티브 제도 또한 합리적이고 과학적이었다. 국내 여러 기업에서 인센티브 제도를 배우기 위해 IBM을 방문했다. 포스코 인사부의 요청으로 IBM 인센티브 제도를 설명했는데 이를 다 들은 인사부장은 이렇게 평했다.

"IBM 인센티브 제도는 너무나 합리적이군요. 회사의 전략 목표인 매출, 이익, 시장점유율 등을 잘게 쪼개어 모든 영업직원에게 나누고 이 목표 대비 실적을 인센티브로 전환하는 것도 과학적입니다. 목표 대비 실적을 증분으로 연계시켜, 추가로 지급할 인센티브가 추가로 회사가 얻을 매출이나 이익보다 절대로 크지 않게 하는 것도 놀랍습니다. 이 제도를 포스코에 적용한다면 도움이 될 것 같긴 한데 단, IBM과 포스코는 문화가 다른 조직이라 효과가 제대로 나올지 걱정이네요."

나는 이렇게 답했다.

"맞습니다. 업무가 개인별로 나누어져 있고 오랜 전통으로 실적급이 문화가 된 IBM과 달리 팀의 목표를 함께 달성해나가는 문화의 포스코에는 적용이 달라야 할 것으로 보입니다. 바로 제도를 도입하면 부작용이 훨씬 클 겁니다. 이 제도를 적용하는 이유는 우수한 영업직원에게 동기부여를 하고 기업의 목표인 매출을 늘리는 것인데, 개인별 성과보다 근무 기간 등 경륜과 집단 이익이 중요한 포스코에서는 이 제도가 소기의 목적을 달성하는 데 장애가 될 수 있습니다."

그렇다. 우리나라처럼 위계질서와 경륜이 중요시되는 문화에서는 개인별 실적을 바탕으로 한 인센티브 제도가 오히려 부작용을 낳을 수 있다. IBM을 퇴직하고 삼성전자로 이직을 했을 때, 영업직에 종사하는 사람들의 월급이 일정하다는 것에 문화적 충격을 받았었다. 연봉의 일부를 떼어 인센티브 풀에 넣고 목표 대비 실적에 따라 덜 가져가기도 하고 더 많이 가져가기도 하는 문화에 익숙했던 나에게, 매월 같은 금액을 주고 연말에 팀과 사업부의 실적에 따라 보너스를 지급하는 PS(Profit Sharing, 초과 이익 분배금)과 PI(Productivity Incentive, 생산성 격려금) 방식은 이해가 되지 않았다. 삼성전자는 개인별 인센티브 제도도 실행했었고, 여러 시행착오를 겪은 후 PS와 PI제도를 확립했다고 한다.

개인별 인센티브가 좋은 것인지, 집단별 성과급이 맞는 것인지에 정답은 없다. 기업의 전통과 문화를 바탕으로 시장환경과 기업 전략을 고려해 적절하게 적용해야 한다. 미국에서 실시된 설문조사에 의하면 미국 기업들의 80% 정도가 매년 인센티브 제도를 바꾸고 있는 것으로 나타났는데 이 또한 한번 정한 인센티브 룰이 계속 될 수는 없다는 것을 보여준다.

둘째, 인센티브 제도 운영 시 공정한 목표 설정과 공정한 평가를 해야 한다. 인센티브는 목표 대비 성과에 대해 지급하기 때문에, 인센티브를 많이 받기 위해서는 성과를 높이는 방법도 있지만, 분모인 목표를 줄이는 방법도 있다. 소극적인 방법이긴 하지만 목표를 작게 잡는 것이 성과를 많이 내는 것보다 쉽다는 것을 영업직원들은 알고 있다. 따라서 목표를 배분하는 연초에 공정하고 객관적으로 목표를 배부해야 한다. 이는 여러 가지 자의적인 요소가 개입될 수 있기 때문에 타 부서에서 관리를 하는 것이 운영상 맞다. 실제로 지난 몇 년간의 실적과 올해의 시장 사이즈, 회사의 목표 총합계 등을 고려해 최대한 객관적이고 공정하게 배정되어야 한다. 평가도 자의적인 부분이 들어가지 않게 객관적으로 수행되어야 하며 평가에 대한 합의가 객관적인 부서와 상위 관리자에 의해서 함께 수행되어야 한다. 인센티브 제도를 만들어놓고 공정하게 운영하지 않으면 훌륭한 인재가 떠난다. 인센티브를 만드는 이유는 승부사 정신을 배양해 더 많은 성과를 기업에 돌려주기 위함인데 가장 중요한 인재가 회사를 떠나게 할 수도 있는 것이다. 인사적인 측면에서 옳지 않은 평가에 지속적으로 노출되면 이를 거부하고 공정하게 평가하는 기업으로 이직을 결심하기도 한다. 인센티브 제도를 만드는 것보다 공정한 운영이 더 중요한 것이다. 만약 공정하게 운영하지 못할 것 같으면 차라리 인센티브 제도를 만들지 않는 게 나을 수도 있다.

셋째, 기업의 전략과 인센티브 제도는 연계되어야 한다. 기업의 전략과 개인별 인센티브 전략은 반드시 연계되어야 한다. 장기적인 기업의 전략이 인센티브 제도에 적용되어 그 방향으로 움직이게 해야 한다. 기업의 전략은 매년 바뀌기 때문에 인센티브 제도도 매년 변경하는 것이 맞다. 개인별 인센티브 제도는 회사의 재무 전략과 연계되어야 한다. 매출, 이익, 시장점유율, 성장률 등의 재무 목표와 일관성을 가져야 한다. 매출이 줄었는데도 불구하고 인센티브 총지급액이 늘었다거나 혹은 이익이 줄었거나 한다면 이 인센티브 제도는 잘못 설계된 것이다.

최근에는 고객가치와 연계한 인센티브 보상 체계를 적용하는 기업들이 늘고 있다. HSBC 그룹은 고객 재무 자문 영업을 담당하는 직원의 인센티브를, 매출 실적에 연동하는 성과급 제도에서 고객관계 관리에 연계한 성과급 제도로 변경했다. 고객 접점, 매출의 질, 고객가치를 계량화해 이를 성과급으로 운영하는 것이다. HSBC의 인센티브 제도는 고객과의 신뢰와 HSBC의 전략 가치에 기반을 두었다. 고객과의 지속 가능한 관계를 확립하는 것이 목적이다. IBM은 최근 기업이 추구하는 가치 및 전략에 부합하는 행동을 유도하고 동기부여해주는 평가지표를 개발해 이를 인센티브 항목으로 연계했다. 각 사업부 조직이 추구하는 고객가치 행동(Client Value Behavior)은 "고객의 사업을 이해하는 데 투자한다." "지식을 고객에게 전달한다." "고객에게 장기적이고 전략적인 믿음을 보여준다." "고객의 니즈를 만족시키기 위한 자원을 배분한다." "고객의 이슈를 명확하고 신속하게 해결한다." "고객의 사업 목표를 달성할 수 있도록 더 많은 노력과 책임을 다 한다."이다. IBM의 인센티브 제도는 고객가치 제공을 위해 각 사업부 간 협업을 유도하고 이윤을 창출하는 측정지표로 설정된 것이다.

넷째, 인센티브 제도는 객관적이고 단순해야 한다. HSBC와 IBM의 고객가치를 평가지표로 삼기 위해서는 고객가치를 측정 가능한 수준으로 표현하도록 개발해야 하며, 이 지표가 객관적이고 단순해야 한다. 계량화가 어려운 측정 지표나 객관화가 힘든 지표는 공정한 평가를 어렵게 하고, 공정한 평가가 되지 않는다며 개인별 평가와 보상은 아무 의미가 없다.

또한 측정지표가 복잡하고 어려워 영업직원이 이해하기 어렵다면 이 또한 객관화하기가 힘들다. 매일 전투에 나가는 영업직원이 이를 공부하며 실적을 내기는 더 어려울 것이다. 2개의 측정 기준이 한 영업직원의 인센티브 평가지표가 될 수도 있다. 이런 경우 합리적이고 과학적인 인센티브 평가지표를 만들려다가 의미 없는 지표를 양산할 수 있다.

그런가 하면 위험의 폭이 큰 인센티브 제도는 승부사 정신이 강한 우수한 영업직원을 이직하게 할 수 있다. 목표를 초과 달성했을 때 너무 큰 금액을 주면 자신의 능력치에 대한 기대가 높아진 영업직원이 기업을 떠나 더 좋은 프로그램이 있는 회사로 옮길 수 있다. 그렇다고 위험의 폭이 작은 인센티브 제도를 운영할 시 탁월한 영업직원을 유인하는 본연의 목표를 무색하게 만들 수 있다. 시장환경과 기업의 장·단기 전략, 부작용 등을 고려해 합리적인 인센티브 전략을 개발하고 운영해야 한다.

3

'승부'를 즐길 줄
아는 조직인가

영업주도 조직의 이기는 문화는 영업직원 개개인의 동기부여에 큰 역할을 한다. 영업직원의 성취 욕구를 불러일으키는 승부사 정신은 인센티브 때문에 생기기기도 하고 회사에 대한 충성심으로 생기기도 한다. 수동적이기는 하지만 그저 퇴직하지 않고 회사를 계속 다니기 위해 하는 경우도 있다. 분기별 목표에 강하게 반응하는 회사들은 연이어 몇 분기 목표를 달성하지 못한 경우, 영업직원을 내보내기도 하기 때문이다. 수동적인 이유로 승부사 정신을 가지지만 개인에게는 치명적인 이유가 되기도 하는 아이러니한 상황이다. 물론 이러한 채찍 같은 부정적인 원인보다는 당근과 같은 긍정적인 면이 영업직원의 승부사 정신을 더 활발하게 한다. 긍정적인 동기부여를 만들어

직원을 춤추게 한 일선 영업관리자의 이야기를 해볼까 한다.

"몇 년 동안 계속 매년 힘겹게 연 매출 목표를 간신히 맞추어 온 것 같습니다. 지난 몇 년 동안 별로 즐거운 일도 없었고 팀 간 소통도 그저 그런 채로 지내고 있었던 중에, 해가 바뀌고 새로운 팀에 소속되어 일하게 되었습니다. 새 팀의 영업부장은 영업직원의 상황이나 고충을 잘 들어주는 사람이었고 따르는 후배도 많고 선배 동료들도 꽤 좋아했던 괜찮은 사람이었는데, 이 영업부장은 몇 가지 특징이 있었습니다.

첫 번째 특징은 언제든 영업직원의 고충을 진지하게 들어주었어요. "요즘 어떠냐?"로 시작해서 진지하게 부하 직원의 이야기를 듣고 해결해줄 수 있는 것은 마음을 다해 도와주었어요. 얼마 지나지 않아 이 진지함에 매료되어 모든 부하 직원이 영업부장을 찾아가서 이야기를 할 정도이었으니까요. 두 번째 특징은 재미있게 해주었어요. 영업은 영업직원이 하는 것이니 믿어주고, 함께 저녁도 먹고, 중간에 재미있는 행사도 하고요. 또 가족들과의 시간을 신경써서 확보해주니, 회사생활을 숨통이 트인 상태로 즐겁게 할 수 있더라고요. 세 번째는 영업부장을 중심으로 팀원들끼리 똘똘 뭉치는 리더십을 가졌습니다. 팀원들끼리 자주 보고 고충도 듣고 하다 보니 형님, 동생 사이가 되어 가까워졌고 자연스럽게 팀워크도 좋아졌습니다. 영업직원들 간에는 담당 고객이 달라 각자 일하는 것이 실상이었는데, 접대도 함께 가주고 그해 목표 배분 조정 과정에서도 양보하는 일이 생길 정도였으니까 놀랄 만큼의 변화였죠. 그해 영업팀 전체가 목표를 초과 달성했고 새로운 비즈니스도 많이 했습니다. 물론 야근도 많이 했지만 빈면에 팀과의 즐거운 저녁시간도 어느 때보다 많았습니다."

이 영업직원의 이야기를 들으면서 배운 것이 있었다. 일선 영업팀은 즐거워야 하고 팀워크가 좋아야 한다. 그리고 이 즐거움과 팀워크는 자연스러워야 하고 '평소'에 행해져야 한다. 가식적으로 만들거나 하면 효과가 절감된다. 이 2가지가 있으면 팀 간의 신뢰가 생기고 이것이 동기부여와 사기를 만든다. 그리고 이를 통해 꼭 이기려는 승부사 정신이 자연스레 만들어진다. 동기부여를 통한 승부사 근성이 생기면 전투에서 이기게 된다. 임진왜란 때 명량해전의 이순신 장군과 부하들이 아마 그랬을 것이고, 지기는 했지만 영화 '300'에서 30만 명을 상대로 싸운 스파르타의 레오니다스 왕과 그 부하들이 그랬을 것이다.

영업은 무한경쟁 시장에서 고객의 손을 잡기 위해 경쟁사와 큰 전쟁을 치르고 작은 전투를 끊임없이 수행한다. 전투에서 이기기도 하고 지기도 하고 상처도 입고 전사(이직, 퇴직 등) 하기도 한다. 이 과정에서 전쟁과 전투에만 몰입한다면 항상 피로만 남을 수밖에 없다. 틈틈이 즐거움이 있어야 하고 전우애(팀워크)도 있어야 한다. 이것을 경영진이나 중역이 할 수 없다. 그들은 전쟁을 지휘해야 하기 때문

에 전투병을 돌볼 수가 없고 어쩌면 돌보는 것이 아니라 사지로 내
모는 악역을 해야 할 사람들이다. 이것은 소대장이 하는 것이 맞다.

전투병(영업직원)의 사기와 승부사 근성을 높여 전투의 승률을 높
이는 것은 소대장(일선 영업관리자)의 즐거움과 팀워크 관리이다. 일선
영업부장이 되면 즐거움과 팀워크를 만드는 형님 같은 리더의 역량
을 가져야 한다. 일선 영업관리자로부터 기인한 즐거움은 영업직원
에게 무엇보다 큰 동기부여이다.

믿고 따르게 하라

믿고 따를 만한 리더, 진정성 있는 리더, 믿음 리더십을 갖춘 영업
중역이 있는 조직은 직원들이 알아서 움직인다. 영업주도 조직 문화
도 자율적으로 형성되고 영업직원의 자존심이 불타오른다. 절대로
지지 않는다.

영업직원의 역할은 컨설턴트이면서 사업가이면서 오케스트라 지
휘자이다. 누군가는 "영업직원이 어떻게 그런 역할을 다 할 수가 있
느냐?" "저 정도 역할을 할 거면 사업체를 운영할 수 있겠다."라고 말
할 수도 있다. 영업직원은 전략적이고 창조적이고 혁신적이어야 한
다. 승부사 정신이 충만해야 하며 맷집과 열정이 있어야 한다. 고객가
치를 제공해야 하는, 다양한 고객과 이해관계자를 동시에 만족시켜야

하는 우수한 자원이어야 한다. 훌륭한 영업직원은 천부적으로 타고나기도 한다. 그러나 사실 정확한 표현은 천부적으로 타고난 영업직원은 훌륭한 영업직원으로 잘 만들어지기 조금 더 쉬울 뿐이다. 훌륭한 영업직원은 후천적인 교육과 경험으로 만들어진다.

믿음 리더십을 가진 리더라면, 훌륭하게 육성시켜야 할 영업직원을 전교 1등이라고 믿고 가야 한다. 전교 1등인 학생들은 대부분 자신을 믿고 아껴주는 선생님과 부모님을 생각하며, '알아서' 열심히 한다. 더불어 자존심을 지키기 위해서이기도 하다. 누가 시켜서가 아니다. 영업주도 조직의 영업직원 역시 베테랑 영업직원을 만들려는 노력도 중요하지만, 그들을 믿어주는 것만으로 알아서 열심히 하게끔 만들 수 있다. 그들은 자존심을 지키기 위해, 전교 1등을 놓치지 않기 위해 승부사 정신을 항상 마음에 새긴다. 올해 목표만 채우는 소극적인 태도가 아니라, 장기적인 회사의 발전과 신성장 동력을 찾는 데 까지 큰 관심을 기울인다. 인센티브와 상관이 없는데도 말이다.

믿고 따르게 해야 한다. 그러기 위해서는 윗사람은 믿어야 한다. 가능성이 있는 영업직원이라면 외근 나가서 사우나에 갔을 것이라고 의심하면 안 된다. 고객을 만나고 있을 것이라고, 시장에서 마켓 센싱을 하고 있을 것이라고 생각해야 한다.

어느 공부 잘하는 학생이 내게 한 말이다.

"저는 고등학교 1학년까지 전교 1등을 놓치지 않고 유지했어요. 그런데 고등학교 2학년 때 잠시 방황을 해서 갑자기 20등 밑으로 떨어진 거예요. 하지만 제 주위의 부모님, 선생님, 아무도 저를 나무라지 않았어요. 그저 무슨 고민 있니? 그냥 오늘은 공부하지 말고 쉬라며 걱정만 하는 거예요. 사실 그때 공부 안 하고 놀았거든요! 그분들의 믿음이 너무 감사해서 다시 열심히 공부했어요. 당연히 바로 1등으로 돌아왔습니다. 그분들의 믿음이 없었다면 저는 어떻게 되었을까요?"

훌륭한 자원은 전교 1등처럼 믿어주어야 한다. 자율성을 주어야 하고, 가르치지 말고 생각하게 해야 한다. 미래를 위해 문제도 혼자 풀게 해야 한다. 단, 내버려두지 말고 멀찌감치 물러서서 지켜보며 팁을 주어야 한다. 그래야 더 어려운 문제도 풀 수 있다. 잘할 때마다 칭찬을 많이 해주어야 한다. 그리고 조금 버거운 목표를 주어 긴장해서 노력하게 해야 한다.

믿음을 받는 영업직원은 장기적으로 큰 성과를 창출한다. 단, 모든 영업직원에게 그럴 수는 없다. 잘하고 있는 영업직원뿐만 아니라, 잘할 가능성이 있는 영업직원을 잘 알아보고 믿어주어야 한다. 아직 가능성이 없다면 리더의 관리 프로세스를 통해 개발시키고 육성해 믿을 수 있는 영업직원군으로 속하게 도와주어야 한다. 이것은 얼마든지 가능하다. 왜냐하면 영업역량은 타고나는 것이 아니라 개발되는 것이기 때문이다.

4

흡사, 전쟁의
'첨병'을 다루듯이

처음부터 잘하는 영업직원은 없다. 고객과의 응대는 처음이 무척 어렵고 힘들기 때문에 이를 극복하기 위한 인내와 끈기, 더불어 오랜 교육이 필요하다. 영화나 드라마에서 주인공이 승리를 거둘 때도 상대편보다 더 만신창이가 된 후 이긴다. 안 다치고 깨끗하게 이기는 주인공은 없다. 매일 전투하는 영업직원 역시 그렇다. 계약 하나를 성공시키면 강한 기쁨과 성취감을 느끼지만, 지게 되면 그 좌절감과 다른 사람들의 눈초리로 생기는 낙담은 이루 말할 수 없다. 이기면 너무 행복하지만 지면 너무 큰 불행이다. 그리고 이것을 매우 자주 겪는다. 감정의 기복이 클 수밖에 없다.

또한 계약 시점, 판매 시점에 가기까지 거의 혼자의 의지이다. 물론 협업과 소통이 필요하다. 타 부서에서 도와주지 않으면 이기기 어렵다. 그러나 오케스트라 지휘자로서 결국에는 홀로 의사결정하고 진두지휘해서 나가야 한다.

영업직원은 강한 스트레스 속에서 살아야 한다. 그래서 강한 동기부여가 필요하다. 매 전투에서 질 때마다 죽을 것 같은 스트레스가 항상 있다. 그런데 만약 이 스트레스를 적극적으로 관리하지 않는다면, 육체와 정신 건강 모두에 좋지 않다. 이것은 결과적으로 기업에 육성된 영업직원을 잃게 되는 손실을 가져온다.

일상을 받아들이고 재미있는 것을 찾아라

이렇듯 강한 스트레스를 영업직원 개개인은 어떻게 극복하고 관리할 수 있을까?

첫째, 퇴근하면 잊어야 한다. 회사 안과 밖을 구분하려고 노력해야 한다. 사실 전투는 집에 가서도 휴전하는 일이 없다. 영업 기회가 발굴되고 종결될 때까지 영업직원의 머릿속은 24시간 그 기회를 종결하는 노력으로 꽉 차 있기 때문이다. 그런데 꽉 찬 머릿속을 24시간 가지고 있으면 '일과 생활의 균형'이 깨진다. 좋은 실적을 단기간에 낼지는 모르지만 그 외의 다른 관계가 망가지고 장기적으로는 손실이 훨씬 크다. 가족과 멀어지고 친구와 멀어지고… 제대로 영업직원의 일을 수행하려면 관계가 기본인데 가까운 관계와도 삐걱거린다면 고객과의 관계가 제대로 정립될 수 있을까?

영업을 처음 시작했을 무렵, 나 역시 고객과의 일과 사생활이 구분이 안 됐다. 큰 계약 건이 영업 첫해에 걸려 있었는데 회사에서 교육받은 영업 마인드와 스킬을 가지고 24시간 업무에 매달린 것이다. 아니, 매달린 것이 아니라 구분이 안 됐다. 잠이 들 때에도 다음 날 누구를 만나 무슨 이야기를 어떻게 하고 설득할까를 준비하는 생각에 잠을 이룰 수가 없을 지경이었다. 머리맡에 볼펜과 연습장을 놓고 자는 습관이 생길 정도였다. 잠이 안 오면 내일 할 일을 생각하게 되고 그러면 잠깐 일어나 그것을 연습장에 정리하고 나면 잠이 왔다. 이렇게 '월화수목금금금, 24시간, 365일' 체제로 1년을 보내고 났는데, 심지어 그 큰 계약을 놓친 것이다. 세상 전부가 허무함에 파묻히는 듯했다. 지구 밖으로 도망가고 싶었다. 하지만 평생 할 일이라면 회사와 사생활을 분리하려고 노력해야 한다. 노력해도 잘 안 될 것이다. 그래도 끊임없이 노력하면 스트레스 관리가 서서히 가능해진다.

둘째, 일상으로 생각하려고 노력해라. 영업직원의 전투는 이 일을 그만두어야 멈춘다. 전쟁은 끝나지 않을 것이다. 베테랑 영업전문가가 되고 싶으면 전투는 매일 될 것이고 스트레스는 항상 함께 있을 것이다. 스트레스를 일상으로 받아들여야 한다.

어느 미국계 회사에서 사업부를 맡아 영업중역의 역할을 하고 있었던 고위 임원이 있었다. 대부분 미국계 기업의 경우 매출 관리는 일상이다. 회장부터 사원까지 자기 맡은 영역의 매출과 이익 목표를 모두 관리 받는다. 이 고위 임원의 보스는 싱가포르 국적으로 아시아태평양 지역 전체를 책임지고 있었는데, 주간 전화 컨퍼런스를 통해 영업 기회 진행과 마감을 체크했다. 사실 그 한국인 임원은 그 전까지 외국인 보스와 일한 적이 없었고 비즈니스 상황도 나쁘지 않아 별 스트레스를 받지 않았는데 이 싱가포르 보스는 매주 영업 진행상황을 보고 받고 전략과 차후 일정에 관해 가이드라인을 제공하니, 슬슬 압박을 느끼게 되었다.

사실 미국계 기업의 경우 매주 주간 회의는 일상 있는 일이고 아무리 고위 임원이라도 자신의 보스에게는 전주 목표 대비 실적, 차주 예상을 보고해야 했다. 이 한국 고위임원은 매주 보고하는 것이 스트레스여서, 어느 날 싱가포르 보스에게 요청을 했다.

"나는 매주 보고 안 해도 연말에 목표를 달성할 것이니 내게는 한 달에 한 번 정도만 보고를 받고 나를 믿어주면 안 되나요? 나는 잘 할 수 있고 매주 하는 것은 내 실적을 만드는 데 도움은 안 되고 스트레스만 됩니다."

그 보스는 대답했다.

"당신이 이 회사에 있는 한 주간 보고의 스트레스는 계속될 것이고 이것은 일상의 일과입니다. 이 스트레스를 받아들이고 즐기지 않으면 당신의 미래는 없을 것입니다. 나는 계속 주간 회의를 통해 당신을 관리할 것입니다. 만약 이 스트레스가 싫다면 지금이라도 얘기하세요. 당신을 이 자리에서 빼도록 하겠습니다. 어떻게 하겠습니까?"

그 한국 임원은 그 자리에서 바로 대답했다.

"알겠습니다. 주간 회의에 계속 참석하겠습니다."

영업직군에서 전투는 일상이다. 전투를 잘하기 위한 관리와 충고도 일상이다. 내가 겪고 있는 전쟁터의 일상을 받아들이고 그 안에서 스트레스를 풀 방법을 찾는 것이 현명한 방법이다.

셋째, 취미에 투자해라. 입사 후 꼬박 1년을 엄청난 스트레스와 일과 생활의 불균형 속에 시간을 보냈다. 어느 고참 선배가 나에게 충고해주었다.

"당신은 이제 매일 전쟁을 치르며 살 테니 재미있는 것을 찾아봐. 뭐든지 좋으니 재미있는 것을 찾아 이 직업을 오래 하려면, 아니 오래 해야겠지, 좋은 직업이니까, 그 재미있는 것에 당신이 버는 돈의 10%를 써. 그래야 그 재미있는 것으로 스트레스를 풀 수 있을 거야!"

자신의 취미를 찾고 그것에 시간과 돈을 투자해야 한다. 그래야 스트레스와 함께 즐거움도 가질 수 있다. 단, 건강을 해치거나 문제가 있는 취미보다는 육체와 정신 건강에 좋은 운동이 적당하다. 땀을 흘리는 운동이면 더 좋다. 어떤 영업 베테랑은 일과 중 스트레스가 많았을 때에는 퇴근 후 반드시 땀을 흘리는 운동을 하거나 그럴 시간이 없을 때는 사우나에 가서 땀을 뺐다고 한다. 그것도 좋은 스트레스 해소 방법 중의 하나라고 그는 추천한다.

스트레스 관리를 적극적으로 도와라

회사는 영업직원의 스트레스 관리를 위해 무엇을 도와주어야 할까? 스트레스는 개인이 알아서 해결해야 할 일이라고, 회사가 가만히 있어서는 안 된다. 영업직원 개인의 스트레스는 영업주도 조직의 생산성에 심각한 문제를 야기할 수 있기 때문이다.

첫째, 동기부여를 적극적으로 해야 한다. 영업직원은 스트레스를 받는다. 그만큼 힘들고 어렵고 하기 싫어하는 일이기 때문이다. 다양한 동기부여 방법을 구사해 영업직원 개개인의 사기를 올려주어야 한다. 보상과 인센티브, 승진 기회, 영업 지원, 교육 프로그램, 칭찬과 인정 등을 통해 동기부여를 해야 한다. 그런데 이 동기부여 방법은 개인별로 선호가 다르기 때문에 일선 영업관리자의 역할이 중요하다. 제대로 선발 육성된 영업관리자가 동기부여 방법을 고민하고 실행해야 한다.

둘째, 즐겁게 해주어야 한다. 고성과 조직의 특성 중 하나는 조직 내에 즐거움이 있다는 것이다. 힘든 군부대, 특수부대는 일당백이 모토이다. 가능성 있는 부대원의 선발과 제대로 된 훈련이 공수부대, 해병대 등 특수부대를 만든다. 그게 다일까? 전우애와 부대 안에서의 즐거움이 일당백의 촉매제이다. 영업직원의 스트레스를 관리하게 해주기 위해 즐겁게 해주어야 한다. 누군가는 그럴 것이다. "군기를 세게 해야지! 재미만 생각했다가는 사고 나지!" 당연하다. 전쟁을 치르는데 어떻게 군기가 안 세겠나? 매일 전투를 치르는 영업직원이다. 마감 스트레스, 수주 실패에 대한 스트레스, 고객이 안 만나주는 스트레스, 다양한 스트레스 속에 군기가 세야 할 수 밖에 없다.

셋째, 너무 힘들다고 하면 잠시 빼주기도 해야 한다. 얼마 전 어느 기업의 영업직 전체를 모아놓고 강연하고 있는데 한 영업직원이 질문했다.

"영업을 한 지 6~7년 되었는데 요즘 너무 힘듭니다. 매너리즘에 빠진 것 같고 슬럼프에 빠진 것도 같습니다. 이러다가 영원히 영업직을 그만둘 것 같다는 생각도 듭니다. 그런데 저는 이 일이 좋기는 하거든요. 어떻게 슬기롭게 극복해야 할까요?"

어려운 질문이다. 너무 힘들어 하면 잠시 영업직에서 빼주어야 한다. 회사도 어려운 결정일 것이다. 모든 영업직원이 이 주장을 하면 회사도 이것을 다 받아드릴 여력이 없다.

군인도 휴가를 보낸다. 전투가 일상인 영업직원도 휴가를 보내야 한다. 직군이 다른 부서로 보내 새로운 경험을 하고 전투의 일상에서 잠시 빼놓는 것이다. 그러지 않으면 영원히 안 돌아올지도 모른다. 사실 영업직원을 다른 부서로 잠시 순환 배치시키면 훌륭한 영업직원은 단순히 쉬기만 하고 오지 않는다. 자신이 가진 영업역량에 새롭게 경험한 다른 역량을 합쳐 시너지 효과를 낸다.

나도 처음 영업직원으로 일한 후 7년 정도 되었을 때 큰 슬럼프에 빠졌다. 다행히 당시 내 관리자는 나를 마케팅부서로 옮겨주었다. 물론 1년간의 한시적 조건이 있었다. 결과적으로 나는 2년간 마케팅부서, 1년간 인사부에서 근무한 후 돌아왔다. 3년만에 영업직으로 돌아가서 현업을 공략하는 영업을 실행했다. 돌아온 다음해부터 나를 포함한 내 보스와 보스의 보스까지 아주 행복하게 하는 실적을 냈다.

넷째, 스트레스 관리를 잘할 수 있도록 도와주어야 한다. 다시 교육 이야기이다. 스트레스 관리를 잘할 수 있도록 스트레스 관리 프로그램 도입해 영업직원을 교육하고 건강관리를 위해 의사 자문도 받도록 프로그램화 해주어야 한다. 아울러 체계적이고 과학적인 교육 프로그램을 통해 영업 스트레스에서 잠시 벗어나게 하여 궁극적으로 자기 발전과 회사에 기여할 수 있도록 해야 한다.

회사에서 스트레스 관리를 위해 해주는 이 모든 것은 사실 훌륭한 일선 영업관리자만 있어도 거의 해결된다.

'생산성'에 대한 개념을
리셋하라

"좋은 인력도 뽑았고 교육도 시켰으니 이제 제대로 영업 목표 달성하는 것만 남은 것 같은데요. 관리자인 나는 이제 별로 할 일이 없겠네요. 휴가나 가고 친한 고객이나 슬슬 만나러 다녀야겠는데…."

설비자동화기기 부품을 수입해서 판매하는 외국계 무역회사 사장 이야기이다. 10명 정도의 베테랑 영업직원을 고용해서 영업을 하고 있는데 영업직원 잘 뽑아놓으니 별로 할 일이 없다고 생각하는 것이다. 과연 그럴까? 그렇지 않다. 아무리 훌륭한 영업직원을 선발해도 과정과 소통을 통해 생산성을 관리하지 않으면 소속감이 떨어진다. 그런 영업직원은 회사를 떠날 수 있고, 비정도 영업에 노출될 수 있다. 또 목표를 달성할 수 있는 시기를 놓칠 수도 있다.

과거에 대한 평가와 미래에 대한 준비

영업직원의 생산성을 관리 감독하는 시스템과 프로세스가 정립되고 유지되어야 한다. 성과 관리가 필요한 것이다. 경영진은 영업직원의 일상 업무로부터는 벗어나 있어야 하지만, 그들을 프로세스에 의해 관리·감독해야 한다. 조직의 목표를 달성하기 위해 각자 영업직원의 목표를 설정하고 이들의 성과를 평가해야 한다. 지속적으로 성과의 진행상황에 관해 지도와 피드백을 해야 하며 결과에 대한 공정한 평가를 진행해야 한다. 이러한 평가와 지도, 피드백을 시스템화, 프로세스화해야 한다.

타 부서 기능과 달리 영업 기능이 갖는 차별화된 점이 있다. 기업의 목표인 재무 목표 달성을 위한 최전방 고객 접점에서 실제로 종결을 짓는 중요한 직능이고, 상대적으로 독립적인 기능이기도 하기 때문이다. 관리자의 관리·감독하에 있지 않고 현장 상황에 따라 즉흥적이고 올바른 결정을 혼자서 내려야 하는 경우가 많다.

성과 관리는 이러한 성과를 평가해 영업직원의 동기부여 항목인 보상을 어떻게 할지를 정하고, 좋은 결과가 나오든 좋지 않은 결과가 나오든 그 결과를 바탕으로 영업직원이 다음에는 어떻게 해야 할지 피드백을 줄 수 있게 할 수 있다. 성과 관리는 과거에 대한 '평가 목적'과 미래에 더 잘할 수 있는 '준비 목적'을 둘 다 가지고 있다. 결국 영업주도 조직의 미래 가능성을 예측하고 준비하는 항목인 것이다.

목표 설정 및 성과 평가 과정을 단계별로 정리해보자.

첫째, 목표를 설정한다. 성과 관리의 시작은 목표 설정이다. 목표는 도전적이지만 달성 가능하고 무엇보다 객관적이고 공정하게 설정되어야 한다. 일선 영업관리자는 영업직원의 목표 설정에 큰 관심과 정성을 쏟아야 한다. 주관적이고 공정하지 못한 목표는 성과 평가 시점에 이르기도 전에 그해 영업직원의 영업에 대한 노력과 행동을 무의미하게 만들 수 있기 때문이다. 잘못된 목표 설정은 결과적으로 조직의 성과에 나쁜 영향을 끼친다.

둘째, 계획을 수립한다. 설정된 목표를 달성하기 위한 구체적인 계획을 수립한다. 계획 수립은 3가지 측면에서 진행되어야 하는데 그 첫 번째는 영업직원의 목표를 달성하기 위한 영업 목표 달성 계획이며, 두 번째는 고객의 목표를 달성하기 위해 영업직원이 해야 할 계획이다. 첫 번째와 두 번째는 영업직원과 회사의 목표를 달성하기 위한 측면이다. 두 번째인 고객 목표 달성 계획도 고객 목표를 달성함으로써 회사의 영업 목표를 이루는 것이다. 세 번째는 영업직원의 자기계발 계획이다. 첫 번째와 두 번째가 그해 목표를 위한 단기적인 계획이라면 세 번째 자기계발 계획은 영업직원과 회사의 미래를 위한 장기적인 계획이며 영업주도 조직 문화를 만들기 위한 계획이다. 일반적인 경우 영업관리자는 자기계발 계획에 대해 영업직원 개인의 의지로 여겨 큰 관심을 두지 않는 경우가 있다. 그러나 영업주도 조직 문화와 영업직원의 발전을 위한 장기적인 투자이기 때문에 회사와 일선 영업관리자는 이에 대한 비중을 크게 두고 계획부터 조언과 코칭을 아끼지 않아야 한다.

셋째, 실행한다. 영업 목표를 달성하기 위해 수행하는 모든 영업활동을 수행한다. 가망 고객의 확보 및 선별, 담당 고객을 위한 관계유지 활동, 고객의 니즈 파악, 프레젠테이션, 판매 종결, 사후 서비스, 고객 비즈니스에 대한 분석, 자기계발 계획의 실행 등 모든 영업과 자기계발 활동을, 수립된 계획에 따라 영업직원은 실행하고 영업관리자는 관리·감독한다.

넷째, 측정한다. 공정한 평가를 위해서는 객관적인 측정 목표를 수립하고 측정해야 한다. 목표 매출, 손익, 시장점유율 등을 측정한다. 측정은 가능한 시스템에서 자동으로 측정하는 것이 객관성과 효율성을 높이는 데 효과적이다. 측정 항목을 수동으로 계산하기 위해 많은 시간을 낭비한다면 이는 즉각 시정해야 한다. 측정이 목적이 아니고 목표 달성이 목적이기 때문이다.

다섯째, 평가한다. 영업직원의 성과에 대한 평가는 목표 대비 결과 달성도로 평가하는 것이 일반적이다. 매출, 손익, 시장점유율과 고객 만족도 등의 목표 대비 객관적인 결과를 평가하며 때때로 결과가 아닌 과정을 중요시해야 하는 영업의 경우 영업 활동의 횟수를 함께 평가하기도 한다. 텔레마케팅 영업직원을 평가할 때 시간당, 혹은 하루당 콜의 횟수를 평가해 업무의 과정에 대한 효율성을 관리하기도 한다.

여섯째, 피드백하고 개선한다. 일선 영업관리자의 가장 중요한 과제이기도 한 피드백 기능이다. 영업직원의 성과 진행에 따른 피드백을 함으로써 더 좋은 성과를 낼 수 있도록 코칭하고 이를 통해 평가 시스템을 지속적으로 개선하게 된다. 영업직원의 고충과 진행사항을 들어주고 이에 대한 피드백을 해줌으로써 영업직원의 성과와 역량이 고도화될 수 있다. 일선 영업관리자는 이 피드백 기능을 통해 궁극적인 영업의 생산성과 효율성을 높이는 역할을 해야 한다.

영업직원의 성과 평가는 이렇게 6단계의 과정으로 진행한다. 이것은 궁극적으로 영업직원과 영업 조직의 생산성을 높이는 역할을 한다. 성과 관리가 없는 영업주도 조직은 존재할 수 없다. 아무리 잘 만들어진 영업 조직이라 하더라도 관리와 감독이 제대로 되어야 더 좋은 조직으로 발전할 수 있다.

6

성과 평가는
공정해야 한다

　성과 관리에 있어서 공정한 목표 설정과 평가는 무엇보다 우선이다. 고성과 영업 조직이 되기 위해 모든 것이 완비되었다고 하더라도, 공정한 성과 관리가 되지 않는 영업 조직이라면 말짱 도루묵이다. 객관적이고 공정한 평가와 이에 따른 적절한 보상이 없다면 영업주도 조직이 아니다. 베스트 영업 조직이 되기 위해서 기본적으로 목표를 달성해야 하는데, 공성한 목표 설정과 공징한 평가가 없다면 영업직원은 불공정한 목표 설정으로 시작하는 일에 큰 반감을 가질 것이다.

탁월한 인재는 공정한 평가를 원한다

영업직원의 목표를 실정할 때 일선 영업관리자는 유혹이 있게 마련이다. 아무리 객관적으로 하려고 해도 주관적 판단을 가지게 되기 때문이다. 예를 들면 관리자 입장에서는 작년에 실적을 달성하지 못한 영업직원에게 가능한 목표치보다 적은 목표를 주고 싶다. 특히 성과 평가는 승진과 관련 있기 때문에 승진을 코앞에 둔 영업직원에게 목표를 줄여주어 좋은 평가를 받게 하고 싶은 것이다.

그런데 이러한 주관적인 목표 설정은 훌륭한 영업직원을 떠나게 한다. 보통 탁월한 영업직원은 자신의 성과를 공정하게 평가받기를 원한다. 그런데 목표 설정부터 불공정하다면 이 조직에 미래가 없다고 생각할 수 있다. 인력 시장에서는 역량 있는 영업직원에게 지속적으로 유혹의 손길을 보내기 때문에 이직 사유로 일선 관리자와의 갈등을 대고 떠난다.

베테랑 영업직원으로 소문난 사람이 있었다. 영업역량이 뛰어난 그는 어느 날 큰 기업에서 스카우트 제의를 받았다. 청운의 꿈을 안고 그 회사로 입사하게 되었는데 입사한 지 얼마 안 되어 그 기업에 신입사원으로 입사해 오래 근무한 임원과 저녁을 함께하게 되었다. 식사 중에 임원이 말했다.

"박 차장, 우리 회사 좋은 회사입니다. 처음 와서 아직은 잘 모를 텐데 우리 회사는 실적을 못 냈다고 해임을 시키거나 하지 않아요.

실적 채우기 위해 회사 내부에서 너무 열심히 해 분위기까지 해칠 필요는 없어요. 이제 입사했으니 차근차근 해가면 됩니다."

이 이야기를 들은 후, 그는 이렇게 생각했다.

"아니 경력으로 입사했는데 실적을 못 냈다고 자르는 일이 없다면 무슨 평가 기준으로 회사를 나가게 하는 걸까? 올해도 사업부 임직원 중에 몇 사람이 나가던데, 그렇다면 나이순으로 하는 것인지, 경영진과 친하지 않으면 퇴직하게 되는 것인지? 참 어렵네! 영업하는 사람을 성과에 따라 평가하지 않는다면 나처럼 새로 들어온 경력직원은 무엇을 해야 할지 모를 것이고, 신입사원들은 그 기준을 아는 데 몇 년 걸리고, 알고 나면 성과에 대한 노력은 덜 기울이고 이 안에 있는 평가 기준에 더욱 경주할 텐데…. 그래도 이 회사는 잘 되는 것을 보면 회사를 성장시키는 데 성과 말고 다른 변수가 있는 것인데 그것이 뭘까?"

그는 평가가 실적과 아무 상관이 없다는 내부 임원의 이야기에 황당해했다. 숨어 있는 평가 기준을 알기 위해서는 시간이 좀 걸릴 것이고 그 평가 기준을 알기 전에 아마도 타의에 의해 회사를 나가게 될 테니 상황 봐서 먼저 이직 자리를 알아봐야겠다고 나짐했다. 얼마 안 있다가 그는 이직했다.

물론 그 임원은 새로 온 경력직원에게 동기부여해주기 위해 그런 말을 했을 것이다. 그러나 공정한 평가가 없다는 이야기를 오랫동안 그 기업에 근무한 임원이 했다는 것이 문제이다. 평가는 실적만 가지고 하는 것은 아니다. 잠재 역량도 함께 고려해 평가하는 것이다. 그렇다 하더라도 공정한 평가가 없는 영업 조직의 미래는 없다. 공정한 평가를 하기 위해 노력하는 모습이 있는 조직에 탁월한 영업직원의 미래가 있고, 공정한 평가를 하기 위해 노력하는 조직에서 회사에 대한 충성도가 생기는 것이다. 공정한 목표 설정과 공정한 평가가 성과관리에 있어서 가장 중요한 항목이다.

7

역량보다 조금 더
높은 목표를 설정하라

성과를 측정하고 평가하기 이전에 가장 먼저 할 일은 '목표 설정'이다. 객관적으로 평가하기 쉬운 계량적인 숫자가 일반적으로 영업 직원의 목표로 쓰인다. 매출 수량, 매출 금액, 손익, 시장점유율, 고객 만족도, 전략 제품 판매 수량 혹은 금액 등 목표 대비 달성치가 쉽게 계산되는 항목이다. 왜냐하면 평가가 보상에 직접 연결되는 경우가 많고 회사도 객관성을 확보해야 인센티브 등 보상과 연계되어 평가가 공정해지기 때문이다. 실적에 대한 평가로 승진 등의 기회에도 적용되지만, 대부분의 경우 인센티브와 같은 보상과 직결되기 때문에 기업에서는 감사 팀에서도 관심 있게 볼 수밖에 없는 항목이다.

객관적인 목표 설정이 다른 직능에 비해 쉽게 접근할 수 있다 보

3

니 목표 설정에 있어서 개인이나 관리자가 모두 힘들어 할 수 있다. 사실 완벽하게 객관적이고 공정한 목표를 설정하기란 어렵기 때문이나. 어떤 상황이는 객관적이고 공정한 목표를 설정하는 노력이 반드시 필요하다. 이 객관적이고 공정한 목표 설정은 데이터를 근거로 계산하고 설정할 수 있는데 이것과 함께 중요한 것이 소통이다. 영업관리자는 어떻게 목표를 설정하고 팀 내에서 할당할 것인 지에 관해 공유하고 소통해야 한다.

'안'과 '밖'을 두루 살핀 후 목표를 설정하라

어느 영업직원이 불만에 찬 목소리로 다른 부서 영업직원에게 이야기한다.

"아니, 작년에 목표 배정을 다했는데 올해 두 팀이 하나로 합쳐지면서 다시 목표 배정을 한다고 해, 내 보스는 다른 부서로 발령 났고 우리 팀은 B팀으로 배속이 됐어. 원래 있던 B팀 부장님이 우리 팀까지 맡게 된 거지. 가뜩이나 우리 부장님은 다른 데로 가버려서 속상한데 옆 팀인 B팀 부장님께 소속되어 기분이 좀 그래! 그런데 B팀 부장님이, 아니 지금은 우리 팀 부장님이기도 하지. 그분이 목표를 재배정한다고 하면서 우리에게 목표를 더 주는 거야. 이건 아니다 싶어 찾아가서 약간 항의를 했어 그랬더니 B팀 부장님 왈, "내가 옆에서 계속 봐왔기 때문에 너희 팀 예상 매출을 다 알아. 그래서 내가 좀 더 준 것이니 내게 맡겨. 내가 다 알아서 할게."라고 하는 거야! 나 참! 알긴 뭘 알아? 우리 속내를 어떻게 알 수 있어? 더구나 내게 맡기고 다 알아서 하겠다고 해놓고 더 주면 어떻게 해? 부장님도 떠나고 속상한데 이참에 경쟁사에서 사람 찾던데 그리로 가버릴까 싶네."

목표 설정은 공정하게 해야 한다. 아니 공정하려고 노력해야 한다. 그런데 이 공정함도 소통을 통해 이루어져야 하고 일선 영업관리자의 세심한 노력이 필요하다. 물론, B팀 부장님이 제대로 알 수도 있다. 그러나 나름 분석한 데이터로 '소통'을 했어야 한다. 간단한 목표 설정의 갈등인데도 영업직원은 떠날 생각까지 할 수도 있는 것이다. 공정한 목표 설정과 적절한 소통이 필요해 보이는 예이다.

목표 설정 시 먼저 외부 환경 분석이 이루어져야 한다. 기업의 외부 환경 변화에 따라 영업직원의 가능 목표를 추출하고 내부 목표를 분석한다. 기업의 성장 목표를 정하고 적절한 목표치를 각 영업직원에게 할당하는 순서가 합리적이다. 예를 들면 A제약업체 영업직원의 목표 설정의 경우, 먼저 최근 3년 내지 5년간의 소비자의 소비율 추이, 인구 고령화 추이, 그 제약업체의 제품 포지셔닝에 해당하는 인구의 변화 등 외부 환경을 분석한 후, A제약업체의 최근 매출 추이와 올해 성장 희망율, 담당 영업팀의 기여 등 내부 환경 분석을 한다. 이 내부 환경과 외부 환경 분석을 결합해 팀의 목표를 설정하고 각 영업직원의 담당 고객과 영역을 고려해 목표를 할당하는 순서로 가는 것이다.

PC를 생산하고 판매하는 기업의 경우 글로벌 시장조사 기관인 가트니 그룹의 시장수요 분석 자료를 기반으로 각 나라의 잠재 경제 성장률과 PC 수요 성장률을 분석해 각 나라의 목표를 1차로 설정하고 각 나라 지사의 영업역량과 최근 3년 동안의 매출 추이를 고려해 목표를 설정한다.

도전적이고 달성 가능한 목표

목표는 도전적으로 할당해야 하지만, 동시에 달성 가능해야 한다. 달성 가능해야 한다고 해서 모든 영업직원이 평균 100% 이상을 목표로 설정해서는 안 된다. 인센티브 등 금전적 보상과 연계된 목표라면 회사의 재무 건전성에 악영향을 미칠 수 있으며 금전적 보상과 관계없는 목표이더라도 회사의 전체 목표를 달성하는 데 어려움을 줄 것이다. 이렇듯 달성 가능성이 있으나 도전적인 목표가 설정되어야 한다.

성과 관리 연구들에 의하면 영업직원이 평균 90%의 목표 달성율을 이룰 수 있도록 목표를 할당하는 것이 영업직원에게 동기부여도 되고 더 나은 실적을 유발한다고 한다. 목표 설정은 현실적으로 달성 가능성이 있어야 한다. 매출 목표에 대한 결과 예상치가 힘들어

보일 경우에도 영업직원의 동기부여는 없어지며 그마저 목표를 못 채울 가능성도 있는 것이다. 영업직원이 예상치가 낮을 것이라 생각하면 '차라리 내년으로 계약을 연기하고 올해 실적은 잊어버리겠다.'는 생각까지 하게 된다.

영업직원에게 도전적인 목표를 설정하는 것은 개인별 인센티브 등 개인별 차등의 금전적 보상을 하는 경우와, 아닌 경우에 따라 다르다. 대개 영업 조직은 목표를 설정하고 실적에 따라 개인별 보상을 한다. 이런 조직일 경우 70%도 평균 달성을 못할 정도의 과도한 도전적 목표를 할당하면 심각한 문제가 발생할 소지가 있다. 목표 설정에 따른 성과 관리 문제가 아니라, 동기부여 자체에 문제가 발생하기 때문이다.

반면에 국내 대기업에서 종종 실행하고 있는 '실적에 따른 팀 보상'의 경우 70% 평균 달성을 못할 정도의 목표 할당으로 인해 그 수준마저도 못 미치는 사례가 발생한다. 영업직원은 어차피 목표 달성은 힘들고 그렇다고 해도 자신의 금전적 보상에는 큰 문제가 없기 때문에 노력을 기울이지 않는다.

개인 보상이 아닌 팀 보상 제도를 채택한 이런 기업의 경우, 오히려 목표 대비 150~200%의 도전 목표를 설정하고 영업중역이 이를 채근하며 관리하기도 한다. 도전 목표가 크더라도 개인별 금전적 보상과는 상관없기 때문에 이직 문제는 발생하지 않지만, 높은 목표를 달성하기 위해 강압형 리더십의 중역이 체계적, 과학적으로 밀어붙이기 때문에 스트레스 등 동기부여와 관련한 이슈들이 발생한다. 200%의 도전 목표를 밀어붙이면, 그 100% 이상은 달성할 수 있기 때문이다.

어느 방법이 맞을지는 기업의 문화와 보상제도에 따라 다를 수 있지만, 후자의 방법은 영업직원의 동기부여를 줄이고 스트레스를 늘임으로 해서 능동적인 영업 조직 문화를 만드는 데에 장기적으로는 한계가 있다.

그루폰의
인센티브 제도 실패사례

2008년에 설립된 그루폰(Groupon)은 전세계 소셜 커머스의 효시라고 할 수 있는 전자상거래 기업이다. 창립 이래 '리빙소셜', '티켓몬스터'와 같은 영업 지향적인 자회사를 다수 설립, 인수해왔고 당연히 인센티브 제도를 직원들에게 보상 수단으로 적용했다. 특히 그루폰은 인센티브 제도를 영업직원뿐만 아니라 MD연구 부서 등 많은 다른 부서에까지 이를 접목시켰는데, 이 인센티브 제도의 경쟁을 내부 경쟁으로 만들어버렸다. 영업부서뿐만 아니라 다른 부서에도 인센티브 제도를 적용하고 직원의 성과를 추적해 공표함으로써 직원들끼리 경쟁하도록 유도하고 매주 가장 높은 점수를 받은 직원과 가장 낮은 점수의 직원을 방송했다.

최초의 의도였던 동기부여와 장기적인 고객가치 창출은 사라져버리고 직원들 간의 경쟁만 남게 된 것이다. 회사는 이를 통해 경쟁을 유발하고 더 나은 성과를 목표로 했지만 결과적으로는 순위 매김과 공표 등으로 처절한 내부 경쟁만 남았다.

그루폰의 사업 규모는 28개국에서 2016년 15개국으로 축소되었다. 물론 사업의 축소가 모두 인센티브 제도를 통한 내부 경쟁 때문만은 아니겠지만, 이것 또한 큰 요소로 작용했을 것이다. 그루폰은 처절한 내부 경쟁과 인센티브 프로그램으로 사업을 확장시키려고 했다.

그러나 인센티브 제도는 내부 경쟁이 아닌 고객가치 제공과 연동된 시장에서의 동기부여 수단으로 사용되어야 한다. 물론 내부 경쟁도 중요한 요소이지만, 그루폰은 이에 순위를 매기고 공표함으로써 과한 내부 경쟁으로 만들었다. 이로 인해 고객과 시장으로 향해야 하는 영업직원이 타 부서 직원과의 경쟁에 시간과 노력을 낭비한 것이다. 스트레스로 심하게 호도된 내부 경쟁은 결국 조직을 발전시키는 방향보다는 쓸모없는 소모전을 양산했다고 볼 수 있다.

동기부여에는 인센티브와 같은 금전적 보상과 더불어 비금전적인 보상도 함께 있어야 한다. 칭찬과 인정, 부서의 소소한 이벤트, 훌륭한 조직 문화 등이 금전적 보상과 함께 어우러져야 한다.

PART 4.

'손발'이 아닌
'머리'라는
자부심으로

탁월한 영업 조직 만들기

Sales
Organization

공정한 비즈니스 문화가 없는 세상이라면, 역량을 갖춘 영업직원을 선발하고 육성할 필요가 없다. 혈연과 지연, 권력 등을 통해 로비스트가 기업의 영업을 해결하면 되기 때문이다.

'김영란법'이 발효됐다. 이 법은 공정한 비즈니스 문화를 만들어야 한다는 외침에 대한 사회의 대답이다. 공정한 거래문화를 만들겠다는 사회의 강한 요구는 지속될 것이고 이러한 문화는 더욱 확고하게 자리 잡을 것이다. 공정한 거래문화 확립은 우리 사회가 발전하기 위해, 기업이 글로벌 시장에서 생존하고 성장하기 위해, 반드시 가야 할 목표이기 때문이다.

이런 문화에서 기업은 제대로 된 영업역량을 채용, 교육, 육성함으로써 '고성과' 영업 조직을 만들어야 한다. 인재를 선발하고 이들이 가진 잠재역량을 키워 최고의 영업 조직을 만드는 것은 영업주도 조직을 구축하기 위한 첫 번째 단추이다.

1

'영업'만 쥐고 흔든다고
답 안 나온다

　베테랑 영업직원이라면, 계약 성사를 바로 앞둔 시점에 예상치 못한 로비스트의 등장이나 고객의 혈연, 지연으로 인해 일이 잘못된 경험이 한두 번쯤 있을 것이다. 현장에서 영업을 직접 수행할 때 나에게도 이런 경우가 종종 있었다. 유력한 정치인이 고객사 CEO에게 압력을 행사해 막판에 큰 수주를 잃은 적도 있고, 경쟁사에 고객 임원의 친인척이 근무해 다 이겼던 거래를 진 적도 있다. 어쨌든 그 시절 이러한 불공정 거래 상황에 놓이게 되면 이렇게 생각할 수밖에 없었다.

　'영업역량을 쌓으면 뭐해? 권력을 가진 사람이나 고객의 혈연, 지연, 학연이 있는 로비스트가 저렇게 막판에 가져가버리면 아무 소용도 없이 이렇게 무너지는 걸? 나는 계약서나 쓰고 납기일이나 맞추고 영업은 사장님이 하면 되는 것 아닌가?'

물론, 영입을 처음 시작했던 시기에 비해 요즘은 이런 경우가 많이 줄었다. 사회 전반적인 분위기가 정의로운 방향으로 발전하고 있기 때문이다. 최근 '김영란법'과 같은 사회적 차원의 다양한 노력들이 일어나고 있고, 영업에 있어 이제는 직능에 대한 역량을 갖추었는지가 가장 중요시되는 시대다.

이상적으로 생각하는 최고의 영업 조직을 갖추기 위해 기업이 가장 먼저 해야 할 일은 무엇일까. 회사의 영업 환경에 맞는 인재를 채용하고, 일선 영업관리자 선발에 투자하는 것이다. 영업 스킬을 개발하고 고성과 영업직원의 성공 사례를 공유해 모든 영업직원의 역량을 전반적으로 향상시켜야 한다. 다시 말해, 최고의 인재를 채용하고 이들의 역량을 개발해 베테랑 영업직원으로 육성하는 것이다.

그러나, 이러한 고성과 영업직원들로 이루어진 영업 조직을 갖추고도 저성장 시대, 무한경쟁의 환경을 능동적으로 극복하기 어려운 것이 현 실정이다. 즉, 영업부서만 탁월해서는 진정으로 고객이 원하는 가치를 맞출 수 없다는 이야기다. 최근의 고객들은 절대로 영업직원 혼자 만족시킬 수 없다. 다양한 요구와 어려운 문제를 해결해주길 원하기 때문이다.

"우리 팀은 영업 베테랑들만 모였어! 일당백이라 아무 걱정 없어.

회사는 영업 조직을 최고로 만들기 위해 최대한 투자를 하고 교육도 엄청 시켜줘. 외부교육 간다고 하면 업무에서도 최대한 제외시켜 주고 비싼 교육비도 가능하면 회사가 지원해주려고 해. 인센티브도 엄청 주고… 베테랑 영업 조직을 만들려는 노력이 눈에 보여."

영업직원들에게 이러한 복지를 제공하는 것은 최고의 영업 조직을 만들기 위한 기업의 노력인 것은 맞다. 그러나 이것만으로는 영업주도 조직이 될 수는 없다. 영업 조직만 고성과를 내는 기업은 한계가 있기 때문이다. 고성과 영업 조직은 영업주도 조직이 되기 위한 필요조건이지 충분조건은 아니다.

2

최고의 영업 조직,
'최고'로만 채워라

    미국 기업들은 프로 영업 조직을 만들기 위해 매년 9천억 달러를 투자한다. 원화로 1천조 원가량 되는 엄청난 금액이다. 이 금액은 미국 기업이 지출하는 광고 금액의 3배이고, 요즘 화두가 되고 있는 SNS 마케팅 금액의 50배 이상이다.

    구체적인 금액으로 환산된 데이터는 없지만, 우리나라 역시 큰 금액을 영업 조직 생성과 운영에 쓰고 있다. 대부분 기업의 전략을 실행하는 데 있어 영업 부문에 가장 큰 비용이 들어가기 때문이다.

타고난 외향적인 성격보다 중요한 것

이렇게 큰 예산을 집행해 키우고자 하는 영업 조직에 첫 번째로 중요한 요소는 무엇일까? 당연히 훌륭한 인력이다. 유능한 영업인재를 채용하는 것만으로도 매출 확대를 일으킬 수 있다. 고객 영업의 경우, 거래의 규모가 크고 복잡하기 때문에 영업인재 채용은 기업의 매출과 이익에 더 크게 작용한다. 1988년에 영업 컨설팅 기업인 찰리그룹이 10만 명 이상의 기업 의사결정자를 대상으로 설문 조사한 결과, 39%가 업체를 결정할 때 가격, 품질, 서비스보다 영업직원의 스킬을 보고 결정한다고 답했다. 결국 고객은 영업직원을 통해 그 회사를 접한다. 구매를 결정할 때, 무엇보다 영업직원의 스킬을 보고 결정한다. 역량 있는 영업 인력이 성공에 핵심적인 역할을 하는 것이다.

그렇다면 유망한 신입 영업 인력을 채용하기 위한 기준은 무엇일까? 경력직원일 경우, 당연히 영업에 대한 역량이 최우선 될 것이지만, 신입 영업직원의 선발 기준은 조금 다르다.

영업의 길로 들어설 때, 대부분의 신입들은 영업역량에 대한 잘못된 관점을 가지고 있다. 호감형 인상에, 외향적이고 적극적이어서 남들 앞에서 이야기를 잘 하고, 술을 잘 마시는 등… 이런 모습을 고객들이 좋아하고 이런 것이 영업에 대한 적성이라고 생각할 테니 말이다. 나 역시 마찬가지였다. 30여 년 전 신입 시절에 저런 성향의 동료를 매우 부러워했다. 영업 분야에서 성공하고 싶은데, 이런 측면에서 나보다 훨씬 훌륭한 동료들이 많았다. 특히 체육대회 때 응원단장을 한다거나, 야유회 때 무대에서 좌중을 압도하며 눈에 띄는 동기를 볼 때마다, 어떻게 하면 나도 저렇게 될 수 있을까 하는 고민이 컸다.

그런데 사실, 이러한 외향적 성향은 영업 적성과 크게 상관이 없다는 것을 곧 알게 되었다. 1년 동안 영업 교육을 받은 후, 현업에 배치되었는데 얼마 안 되어 내가 부러워하던 동료 중 하나가 회사를 그만두었다. 그가 가까운 동료 몇 명에게 이렇게 이야기하는 것을 들었다.

"나는 내 성격이 영업에 잘 맞는다고 생각했어. 사람들과도 잘 어울리고 분위기도 잘 맞추고 워낙 사교적인 건 자신 있어서 고객과 잘 지낼 수 있다고 생각했거든! 우리가 배운 '신뢰'를 바탕으로 관계관리를 누구보다도 잘 할 자신이 있었어. 그런데 막상 고객사에 가보니 고객은 논리도 없고 매일 만나면 꾸중만 하고 내가 농담하려고 해도 들어주지도 않는 거야. 한두 번도 아니고 화가 나서 더 이상 못 참겠어. 나는 영업이 적성에 맞지 않는 것 같아."

이 동료는 실제로 자신의 영업역량을 발휘해볼 시도조차 못 한 셈이다.

A급 신입인재 채용의 5가지 기준

그렇다. 가능성 있는 신입 영업직원의 채용 기준 첫 번째는 바로 '하기 싫은 일도 참고 해보겠다는 자세'이다. 자신의 영업역량을 제대로 발휘하기 위해, 그 과정에서 고객으로부터의 꾸중과 비논리를 참고 기다리는 인내심. 하기 싫은 것도 할 준비가 되어 있는 지원자를 선발해야 한다. 영업직원은 신뢰를 기반으로 고객 입장에서 가치를 만들고, 제공해야 한다. 박수치며 나를 좋아하기만 하는 사람들 앞에서 노래 부르는 것은 연예인의 일이다. 영업직원은 무뚝뚝하고 야유하는 관중 앞에서도 노래를 부를 줄 알아야 한다. 2번, 3번 접촉하려는 노력이 궁극적으로 고객과의 신뢰 관계에 첫발이 되기 때문이다. 외향적인 성향과 상관없이 나를 꾸중하는 고객 앞에서, 비논리로 일관하는 참기 힘든 상황에서, 정말 하기 싫은 일을 견디는 마음가짐이 가장 중요하다. 이는 영업을 시작한 지 30여 년이 지난 지금까지도 늘 뼈저리게 느끼는 현실이다.

둘째, 맷집과 끈기가 필요하다. 어떤 일이든 자신이 생각했던 대로 단번에 결과를 내는 경우는 드물다. 시간을 두고 많은 경우를 시도해야 결과가 나온다. 특히 영업이라는 일은 더욱 그렇다. 사고 싶은 마음이 없는 고객을 만나 그들과 관계를 맺고, 설득하고 팔고 또 관계를 유지하는 것이 이 일이다. 결과적으로 계약을 성사시키지 못하거나, 매출이 없으면 앞의 모든 행동이 의미 없어지기도 한다. 밤

새 일한다고 반드시 결과가 나오지도 않는다.

매출이 일어나기까지는 긴 시간이 필요한데, 고객은 마음을 열지 않고, 주위의 경쟁사는 지치지도 않고 나를 공격한다. 방해물과 장애물이 중간 중간 너무 많다. 이렇기 때문에, 결과가 나올 때까지 물러서지 않는 끈기, 웬만큼 때려도 울지 않은 맷집이 신입 영업직원이 갖추어야 할 중요한 역량이 된다.

어떤 영업직원은 놀기만 하는 것 같은데 실적이 좋다. 하지만 그들이 실제로 놀기만 할까? 그렇게 보이는 것뿐이다. 실적이 좋은 영업직원은 자신이 하는 일을 남들에게 알리지 않기 때문이다. 탁월한 영업직원의 머릿속은 항상 전략과 전술로 가득 차 있다. 그들이 하는 일 하나하나가 모두 관계와 결과를 만들기 위한 구성요소이다. 다만 다른 일을 하는 사람들이 모를 뿐이다.

셋째, 영업에 대한 강한 열정이 중요하다. 훌륭한 영업직원의 역량은 개발과 육성을 통해 만들어지는 것이다. 대학에서 개발하고, 회사에 들어와 교육과 현장 경험으로 키우는 것이다. 여기서 외향적이냐 내성적이냐는 별로 중요하지 않다. 물론 내성적인 성격보다 외향적인 성격이 영업에 맞을 것이라고들 많이 생각한다. 왜 그럴까? 영업직원은 업무 특성상 자신을 경계하는 사람들과 잘 어울려야 한다. 외향적인 성격의 소유자는 대체로 주변 사람들과 잘 어울리기 때문에 그런 모습들이 주변 사람들에게는 '영업직원은 역시 외향적인 사람이 잘 맞지.'라고 생각하기 쉽다. 하지만 타고난 성격이 내성적이라 하더라도 영업을 하고 싶은 열정이 강하다면, 이를 통해 성향을 바꾸는 것은 개발과 육성의 차원이다. 영업으로 성공하고 싶은 강한 욕구를 가진 신입직원을 뽑아 시간을 두고 육성하는 것이, 단지 외향적인 성격을 가진 사람을 선발하는 것보다 더 큰 효과를 발휘한다.

삼성전자에 근무할 때 일이다. 다른 사람 앞에 잘 나서지 못하는 내성적인 신입사원이 있었다. 신입사원 교육 기간 중에 심하게 내성적이거나 맷집이 약해보이는 신입사원에게는 대부분 "영업보다는 기술 지원이 맞을 듯 하네."라며 엔지니어 보직을 정해주는 것이 일반적이었다. 그런데 이 신입사원은 남 앞에 잘 나서지 못하고 여러 사람 앞에서 발표할 때 심하게 긴장을 하면서도 "저는 무슨 일이 있어도 영업을 하겠습니다."라고 고집을 부린다는 것이었다. 영업을 하려는 의지는 강해보이지만 숫기가 없어 보이는 이 직원을 받아야 할지, 고민하고 있는 영업부장을 설득해 그 신입을 우리 부서로 배치했다. 영업을 하겠다는 강한 의지가 맘에 들었기 때문이다. 신입은 초반에 성과를 크게 내지 못했고 힘들어 보였다. 그러나 해가 거듭할수록 그의 역량은 놀라울 정도의 속도로 발전했다. 3년쯤 지났을 때는 남들 앞에서 아무렇지 않게 자신의 주장을 전달하고, 농담도 잘하는 외향적인 사람이 되어 고객들에게 능숙히 호감을 사는 영업직원으로 바뀌어 있었다. 시간이 흐른 후에 그 직원에게 물었다.

"처음에는 내성적인 성향이 강해서 영 힘들어 보였는데, 지금은 영락없는 영업직원이 되었네! 어떻게 이렇게 변할 수 있었어?"

그의 대답은 이랬다.

"처음에는 제 의지만 믿고 이 일에 뛰어들었는데요. 몇 년간 매일 후회했습니다. 생각한 것보다 고객과 만나는 일이 너무 어렵고, 가끔은 논리와는 아무 상관없는 이야기만 해대는 고객을 응대하는 게 끔찍했어요. 그런데 제가 하겠다고 했고 이것도 극복하지 못하면, 인생에 있어 무엇을 견딜 수 있겠나 싶더라고요. 그런 마음을 수십 번 먹고 고객 만나기를 반복하다 보니, 어느 날 제가 좀 달라져 있더라고요. 의사소통도 전에 같지 않게 수월하고, 고객과 농담도 하고…. 그때 생각했습니다. 성향도 성격도, 결국 노력하면 변하는 구나라고요. 중요한 건 그걸 바꾸려는 내 의지였던 것 같습니다. 그리고 그 의지는 영업을 하고 싶다는 열정과 고집이었어요!"

그렇다. 타고난 성격은 중요치 않다. 의지가 중요하다. 의지가 강하면 성격도 변한다. 물론 이는 좋은 교육 프로그램이 함께 있었던 케이스이지만, 가장 중요한 것은 영업을 배워보겠다는 강한 의지이다.

넷째, 전략보다 실행력이 있어야 한다. 영업역량의 기본은 신뢰를 바탕으로 한 '관계'와 '고객가치' 제공이다. 신뢰의 기본은 고객과 많은 시간을 보내는 것이다. 일단, 고객을 만나야 한다. 고객가치 제공에는 전략이 필요하다. 고객이 무슨 생각을 하고 있는지, 고객이 원하는 것은 무엇인지 등 고객을 이해해야 고객가치를 만들 수 있다. 이 또한 고객과 시장에서 시간을 보내지 않으면 답이 없다. 고객을 만나야 한다.

두 상황 모두 고객 만남을 실천하는 것이 기본이다. 밖으로 나가 고객을 만나는 '실행력'이 필요하다. 물론, 전략도 필요하다. 하지만 더 중요한 것이 실행력이다. 전략만 고민하고 시장에 가지 않는 영업직원은 자신에게도, 회사에게도 아무 의미가 없다. 한 사람의 고객이라도 더 만나야 한다. 그들을 만나러 시장으로 나가야 한다.

다섯째, 따뜻하고 바른 생각을 가진 사람이어야 한다. '따뜻함과 바름'의 미학이다. 어쩌면 영업역량과 직결되는 점수와는 상관없는 항목일 수도 있다. 하지만 이는 매우 중요하다. 고객은 사람이기 때문이다. 고객은 유능한 영업직원을 좋아하지만, 따뜻한 사람과 이야기하는 것을 더 좋아한다. 기업은 지속성을 가져야 한다. 경영학에서는 이를 '계속 기업'이라고 한다. 주주가 바뀔지라도 기업은 계속해서 존재하는, 생명을 가진 조직체로 보는 것이다. 이를 위해 반드시 필요한 것이 '기업의 윤리'이다. 정도를 걷지 않으면 영업직원은 개인은 물론 기업의 존폐에도 영향을 끼친다. 따뜻하고 바른 생각을 보유한 사람을 신입 영업직원으로 채용해야 하는 이유이다.

첫째, 하기 싫은 것을 기꺼이 하는가. 둘째, 맷집과 끈기가 있는가. 셋째, 영업을 진정으로 하고 싶은가. 넷째, 전략적이기 보다는 실행력이 있는가. 다섯째, 따뜻하고 올바른가. 이 5가지 질문을 기준으로 신입 영업직원을 선발하고 교육과 현장 경험으로 육성하길 바란다.

인재가 없다고? 의지가 없는 것이다

태어날 때부터 영업직원의 천성을 가진 사람이 있을까? 그런 사람은 아마도 영화 속에만 존재하는 것 같다. '쉰들러 리스트'라는 영화 속 쉰들러가 바로 그런 모습이다. 잘생기고, 사람들과 잘 어울리고, 금방 자신을 좋아하게 만들고, 전략적인 데다가 실행력까지 있다. 현실에서는 결코 본 적 없는 영업직원의 모습이다.

나는 25년간 영업 현장에서 많은 영업직원들을 보았다. 다 그런 것은 아니지만, 입사할 때 의욕이 아주 충만한 사원들이 있다. 그런 사람은 대체로 밝고 사교적이어서, 야유회나 체육대회에서 응원단장을 하고 회식자리에서는 자리에서 일어나 노래도 잘 한다. 분위기를 휘어잡는 모습을 보며, 사람들은 '영업으로 키우면 잘 할 것 같다.'고 평하곤 한다. 사실, 이런 성향을 가진 직원은 그저 사내 오락부장을 하면 족하다. 그들의 외향적인 성격을 잘 발휘하면 집단의 친목 도모에 도움이 되기 때문이다.

하지만 '영업'은 가까운 사람들 사이에서 신뢰를 쌓는 일이 아니다. 처음 본 고객, 처음 협력하는 회사와 신뢰 관계를 만들고 시작해야 한다. 가깝지 않은 고객과 가까워져야 하는 일이다. 다시 말해, 사교적인 것이 목적이 아니고, 사교성을 통해 목표를 달성해야 한다. 책임감이 있고 전략적이어야 한다. 신뢰가 있어야 한다.

그렇다고 사교적이고 외향적인 직원을 영업으로 키우면 안 된다는 것이 아니라, 신입사원 시절 이런 성향의 소유자를 두고 영업직원으로 타고났다고 생각하는 것은 과잉 논리라는 말이다. 영업직원으로 키울 덕목과 기준은 철저히 '영업에 대한 열정'으로 해야 한다. 사교성과 오락적인 것은 배우고 연습하면 될 일이다. 오락부장은 5년 뒤, 10년 뒤에 충분히 될 수 있다. 오락부장의 기질보다는 책임감이 강하고 영업에 대한 열의가 있는 직원이 영업직원으로서 훨씬 큰 가능성이 지닌 것이다.

어린 시절에 동네에서 종종 투견대회를 열곤 했다. 요즘은 상상하기 어렵지만, 그 당시에는 심심치 않게 볼 수 있는 일이었다. 친척 형과 몇 번 투견대회를 간 적이 있는데, 폐쇄된 링(전체가 투망으로 되어 있어 싸움이 시작되면 한 편이 꼬리를 내릴 때까지 나올 수가 없는 공간) 안에서 싸움이 시작되면 정말 치열했다. 매 경기가 끝나면 양 쪽의 싸움 개 모두 많은 상처를 입고 주인이 상처를 꿰매는 광경을 흔하게 볼 수 있었다. 한번 물면 경기가 끝나도 놓지를 않아 떨어지게 하기 위해 횃불을 가져다 대기도 했다. 그런데 재미있는 것은 경기 시작 전에 그게 짖고 나대는 투견은 지는 경우기 많았고, 링에 올라가기 전에 조용하고 주인만 바라보고 있는 투견이 이기거나 챔피언이 되는 경우가 많았다. 그러한 개들은 한번 물면 절대로 놓지 않는 특징을 가지고 있었다.

외향적이든 내성적이든, 그런 건 영업직원으로 크는 데에 그리 중요하지 않다. 영업직원에게 중요한 것은 강한 의지와 책임감이고, 고객과의 좋은 관계 만드는 외향적인 활동들은 교육과 경험을 통해 충분히 개발할 수 있다.

Global
Insight

미국의 엘리트
영업전문가 양성 교육

영업도 조기 교육 시대!

　4차 산업혁명 시대의 도래로, 많은 직업이 사라질 것이라는 예측이 최근 미디어에 자주 회자되고 있다. 이런 가운데, 미국 노동통계국의 2013년 보고서에 의하면, 2020년까지 영업전문가는 16% 증가한다. 신뢰를 덕목으로 '사람과 사람 사이' 관계를 통해 이루어지는 영업은, 기술의 발전에도 불구하고 반드시 인간이 직접 해야 하는 일인 것이다. 이런 가운네 미국의 베이비붐 시대(1946년~1965년)에 태어난 베테랑 영업전문가들이 최근 은퇴하기 시작하자, 새로운 영업전문가를 키우는 것이 기업들의 큰 고민거리가 되고 있다. 한국에 비하면 영업 연구와 교육이 대학에서 활성화되어 있는 미국임에도 불구하고, 젊고 유망한 영업직원을 채용, 육성하는 것이 기업의 큰 숙제가 된 것이다.

우리나라 사정도 비슷하다. 얼마 전에 모 대형 보험회사 지점장을 통해 들은 이야기이다.

"이전에 보험회사의 영업은 주로 계약직이나 외주를 통해 이루어졌습니다. 영업관리자(지점장)도 베테랑 영업전문가는 일부에 불과하고 본부 부서의 인사, 재무, 마케팅, 기획 등 분야의 비전문가가 맡아왔던 것이 사실입니다. 그래도 별 문제는 없었어요. 시장이 괜찮았거든요. 그런데 요즘은 저금리와 저성장, 무한경쟁 등의 시장환경 변화로 굉장히 힘들어졌어요. 영업도 이제 베테랑이 해야 할 때라, 베테랑 영업전문가를 중용하려고 했더니 이 사람들이 다 최근에 은퇴를 시작하지 뭡니까? 다시금 젊은 인력으로 베테랑 영업전문가를 개발하고 육성하는 것이 큰 고민입니다."

미국에서 일어나고 있는 일이 우리나라에서도 똑같이 일어나고 있는 것이다. 이 보험회사는 대졸 영업직원을 인턴으로 채용해 직능개발교육 과정에 투입함으로써, 장기적으로 영업 지점장을 육성하는 프로그램을 시도 중이다.

영업은 처음이 힘들다. 신입 영업직원은 영업을 처음 배우고, 경험할 때 대부분 심하게 힘들어한다. 그러나 시간이 지나면서 영업역량이 쌓이면, 고객을 이해하고 고객과 신뢰 관계를 형성하게 된다. 그러다 보면, 내 월급을 회사가 주는 것이 아니라, 고객이 주는 것임을 깨닫게 된다. 바로 이 지점까지 오는 일, 고객을 이해하는 여기까지 오는 과정이 신입직원에게는 고통이다. 그렇기 때문에 고객을 알기도 전에 좌절하고 영업직을 포기하게 되는 것이다.

그래서 대학에서의 영업 조기 교육이 중요하다. 미국의 한 연구에 따르면 대학에서 영업에 관한 교육을 받은 학생이 영업직군으로 취업하는 경우, 영업 교육을 받지 않은 신입직원에 비해 적응 속도가 50% 빠르고, 이직률은 30% 낮다고 한다.

'잡종'이 '순종'보다 강하다

미국의 경우, 대부분의 대학에서 경영대학의 산학협력 프로그램을 통해 영업을 연구하고 교육한다. 기업은 학교에 돈을 일부 투자하고, 대학은 기업과 협력해 학부에서 영업 교육 과정을 개설해 운영한다. 대학과 기업이 협력해 영업에 관한 연구와 강의, 산학 협력을 수행하는 '영업 리더십 센터(Sales Leadership Center)'를 많은 대학들이 이미 실행하고 있고, 이러한 프로그램은 지속적으로 증가하는 추세이다. 100대 베스트 MBA대학을 발표하듯이 매년 '영업 교육 재단(Sales Education Foundation)'이라는 단체에서 '영업 잘 가르치는 100대 대학'을 공시한다. 최근 학문의 융합이라는 개념과 맞세 영업 리더십 센터는 경영학 전공만이 아닌 공학 및 기타 학과 학생들에게도 문호를 개방해 대학에서 조기 교육된 영업인재를 기업에 공급하고 있다. 아울러 다양한 영업에 관한 연구 논문들이 발표되고《영업원론(Professional Selling)》과《영업관리론(Sales Management)》등의 교과서 및 수많은 영업 관련 단행본들이 출간되고 있다. 연구 대상으로서의 영업과 교육 대상으로서의 영업이 활성화되어, 대학의 본분인 연구와 교육에서 한몫 차지하고 있는 것이다.

기업과 대학이 윈윈하는 법

현재 우리나라 대학에는 영업을 가르치는 학부가 없다. 일부 학교의 경영학 석사과정에서 이를 시도하고 있는데, 지속적으로 운영하는 곳은 흔치 않다. 여러 가지 이유가 있다. 영업을 전공으로 연구하는 교수가 거의 없고, 따라서 영업을 전공하는 박사과정 학생이 흔하지 않다. 이렇다 보니 영업에 관한 관련 연구도 많지 않다. 상대적으로 미국이나 유럽보다 영업에 대한 연구 환경이 열악한 것이다.

무엇보다 우리나라가 아직 저성장을 겪지 않은 것이 가장 큰 이유이다. 미국이나 유럽, 일본은 급격한 경제발전을 이룩한 한국에 비해 경제 역사가 길다. 저성장을 비롯한 각종 경제적 어려움을 이미 겪을 만큼 겪어왔고, 상대적으로 영업의 중요성을 뼈저리게 느끼고 있다. 체계적이고 과학적인 영업 연구와 교육이 필요함을 오래전에 인식했기 때문에, 대학에서 연구와 교육을 통해 전문 영업 인력을 육성했던 것이다. 우리나라 역시 이제 닥치게 된 저성장을 극복하기 위해, 대학에서의 영업 연구와 교육을 시작하면 된다.

미국의 경우, 대졸자 중 20%가량은 전공과 상관없이 영업 업무로 직장생활을 시작한다. 우리나라도 아마 비슷하지 않을까 싶다. 지난

4월 우리나라의 청년실업률이 11.2%로 외환위기 이후 역대 최고치를 기록했을 뿐만 아니라, 전체 실업률 4.2%에 비해서도 매우 높은 수치를 보였다. 대졸자들에게 영업 직능의 길을 대학이 제대로 이끌어준다면 나라 전체의 과제이기도 한 청년실업률을 낮추는 데 큰 기여를 할 수 있을 것이다.

기업과 대학의 산학협력을 통해 '영업 혁신 센터'를 운영하고 영업전공 교수를 육성해 학생들에게 영업을 제대로 가르친다면, 기업의 성장을 위한 경쟁력을 높여주고 청년 취업과 창업 지원에 큰 도움을 줄 수 있을 것이다. 대학에서의 영업 교육은 산업 수요에 대한 대응이며 기업이 하지 못하는 투자를 먼저 실행함으로써 국가산업 생태계에 이바지하는 것이다. 대학은 아직 미개척 분야인 영업 연구로 학교의 위상을 높이고, 처음이 어려운 영업직원을 조기 육성해, 취업 후 신입 영업직원의 적응도를 높여주고 이직률을 낮춰 졸업생의 안정된 사회 진출을 적극적으로 도울 수 있다.

기업은 저성장 시대에 가장 필요한 영업직군의 신입사원을 대학의 도움하에 안정적으로 공급받게 되며 영업주도 조직으로서 가장 중요하다고 볼 수 있는 채용과 인재 유지의 두 마리 토끼를 잡을 수 있게 된다.

얼마 전에 만났던 한 중견그룹의 회장은 "대학이 전문적인 영업 교육을 통해 학생들을 영업인으로 양성해준다면, 학교에 1억을 내는 것도 아깝지 않다."고 말했다. 대학에서의 영업 교육은 효과적인 저성장 시대 돌파 전략의 하나이다. 영업주도 조직의 안정적인 영업 인력 채용과 인재 이탈 예방을 위해 대학에서의 전문 영업 교육은 반드시 필요하다. 대학과 기업이 함께 손을 잡고 머리를 맞대어 시작해야 한다.

3

자부심 강한 영업 조직은
시키지 않아도 움직인다

　경력 영업직원을 잘못 채용할 경우, 회사는 큰 손해를 입는다. 매출 손해는 물론, 교육훈련비를 포함한 급여와 인센티브 등 효과 없는 많은 비용이 발생하기 때문이다. 또한 영업주도 조직의 문화에 나쁜 영향을 미칠 수 있다. 왜냐하면 최근의 영업은 협업을 기본으로 하기 때문에 영업직원 한 명의 잘못된 선발이 영업 조직 내부 업무 수행에서는 물론, 타 부서와의 협업에까지 잘못됨을 야기할 수 있다. 따라서 경력 영업직원을 선발할 때는 신입 영업직원과는 다르게 영업역량을 기본으로 갖추고 있는지 여부를 기준으로 해야 한다.

최고의 영업인재를 어떻게 선별한 것인가

영업은 고객과의 신뢰 관계를 바탕으로 고객가치를 제공함으로써 이루어진다. 고객가치란, 고객이 지불하는 돈(가격)보다 더 좋은 것을 얻는 것(가치)을 말한다. 고객에게 가치를 제공하기 위해 영업직원은 7가지 영업역량(7C)을 갖추어야 한다. 경력 영업직원을 채용할 때는 이 7가지 역량을 기준으로 삼아야 한다.

첫째, 고객과 신뢰를 바탕으로 관계를 맺고 유지하는 능력이다. 고객과의 신뢰 관계가 형성되지 않는다면 아무리 고객에게 가치 있는 제품과 서비스를 제안하더라도 고객은 들으려 하지 않는다. 믿지 않는 사람의 설득을 우리는 받아들이지 않기 때문이다.

둘째, 고객을 이해하고 고객의 비즈니스를 이해하는 능력이다. 고객과의 신뢰를 바탕으로 고객에게 가치를 제공하기 위해서는 고객의 마음을 이해하고 고객의 비즈니스를 이해해야 한다. 이해를 바탕으로 고객에게 의미 있는 가치를 만들 수 있다.

셋째, 고객에게 필요한 것, 좋은 것(가치)을 제공하는 능력이다. 고객 이해를 기초로 고객이 원하는 것, 고객의 니즈, 고객이 고민하는 것에 대한 답을 찾고 이를 제공해야 한다. 반드시 고객이 필요로 하는 가치이지, 회사에게 필요한 가치가 아니다. 고객에게 필요한 가치를 제공함으로써 회사의 가치(매출과 이익 등)가 달성된다.

넷째, 고객에게 향하는 다양한 길을 파악하고, 이 길을 통해 가치를 실어 보내야 한다. 시장으로 가는 길은 다양하다. 고객이 있는 시장에 제품과 서비스를 제공하기 위해 나만이 그 일을 할 수 있는 것은 아니다. 간접 채널인 대리점을 통해, 인플루언서(Influencer)를 통해, 시장 협력사(Market Key Player)를 통해 고객가치를 전달하고 기업은 경영 목표를 달성한다.

다섯째, 이 모든 것을 창조적 사고를 통해 전략적으로 실행해야 한다. 고객과 시장은 다양한 정보를 쉽게 얻고, 경쟁사는 끊임없이 고객을 공략하고 설득한다. 따라서 창조적이고 전략적인 사고를 통한 가치만이 시장에서 생존할 수 있다.

여섯째, 반드시 이긴다는 승부사 정신으로 무장해야 한다. 아무리 고객과 좋은 관계를 이루고 가치를 제공한다 하더라도 맷집과 열정을 기반으로 한 승부사 정신이 없다면, 이 가치 또한 고객에게 다다를 수 없다. 기업에서 승부사 정신은 자존심으로도 표현될 수 있다. 자신이 속한 기업의 영업직원으로서 경쟁사에 지는 것 자체가 내 자존심이 하락하지 않는다는 마음가짐이 필요한 것이다. 이 자존심은 신입사원 시절부터 선배로부터 내려오는, 기업의 가치로 전해오는 문화여야 한다. 누가 시시하거나 가르쳐서 만들어지는 것이 아니다.

일곱째, 따뜻하고 올바른 윤리 정신을 가져야 한다. 도덕적 가치를 가진 영업직원은 고객과의 신뢰를 이끌어내고 지속적인 관계를 가능하게 한다. 따뜻하고 올바른 영업직원의 역량은 앞에서 언급한 6가지 유능한 역량과 함께 완벽한 영업역량을 만들어낼 뿐만 아니라, 기업 입장에서는 계속 기업을 가능하게 한다. 도덕적 문제가 있는 영업직원은 정도 영업을 불가능하게 하고 기업의 존폐에 해악을 끼칠 수 있다.

영업주도 조직의 기업은 이 7가지 역량을 표준화해 경력 영업직원의 채용과 육성의 기준으로 삼고 관리해야 한다.

최고의 영업직원을 구별하는 26가지 기준

7가지 역량을 가진 유능한 경력 영업직원의 선발을 위한 기준을 정리해보자.

1. 기존 고객에 대한 관리가 영업 활동의 핵심이다.

2. 기존 고객들의 만족도 제고를 통해 지속적인 구매를 유도하는 전략을 생각해낸다.

3. 기존 고객을 유지하고 활성화시키는 것과 함께 신규 고객을 창출하는 것에도 노력한다.

4. 고객의 매출, 수익 등과 관련한 성과지표가 최근에 어떠한 추세를 보이고 있는지 파악한다.

5. 고객이 속한 산업의 특성, 최근 동향 등을 파악한다.

6. 고객의 비즈니스 모델(이익 창출 구조)을 파악한다.

7. 고객이 생산하고 있는 (혹은 취급하고 있는) 모든 제품과 서비스의 특성을 파악한다.

8. 대화의 과정에서 최대한 말을 자제하고 고객이 많은 말을 하도록 유도한다.

9. 고객과의 대화는 주로 고객의 말을 듣는 것으로 이루어진다.

10. 기존의 표준화된 제품이나 서비스를 활용하기보다 고객의 니즈에 부응하는 맞춤 제품과 맞춤 서비스를 제공한다.

11. 시장 점유율의 확대 등과 같이 고객의 목표 달성을 위한 가치를 제안을 한다.

12. 고객이 현재 가지고 있는 문제뿐만 아니라 고객이 장기적으로 직면하게 될 문제를 해결하기 위한 제안을 한다.

13. 예전의 방식을 그대로 적용하지 않고 항상 새로운 해결 방법을 찾는다.

14. 가치 제안을 통해 고객의 전략적인 목표가 어느 정도 달성될 수 있는지 계량화해 제시한다.

15. 회사에서는 고객의 입장을 대변한다.

16. 고객으로 향하는 모든 경로를 고민하고 이용한다.

17. 경쟁사의 동태를 주시하고 상시 관찰한다.

18. 매출 성장률이 높고, 향후에 계속해서 높을 것으로 예상되는 고객을 선별한다.

19. 높은 영업 이익률을 가져다줄 것으로 예상되는 고객(혹은 영업 기회)을 선별한다.

20. 많은 매출을 올려줄 수 있을 것으로 예상되는 고객(혹은 영업 기회)을 선별한다.

21. 사업 수주 시 실적(경험) 차원에서 기여가 클 것으로 예상되는 고객을 선별한다.

22. 경쟁사에게 지는 것은 영업직원으로서 내 자존심이 허락하지 않는다.

23. 고객 방문이나 실제 업무 시간에 관해 거짓 보고를 하지 않는다.

24. 회사 정책이나 규칙을 지키지 않은 것을 보고한다.

25. 접대 비용을 부풀리지 않는다.

26. 고객에게 제품이나 서비스 효과에 관해 과장하지 않는다.

이러한 행동양식은 기업이 경력 영업직원을 채용하거나, 간부급 영업직원을 평가할 때 유용하게 사용될 수 있다.

현장 중심 영업관리자, 이렇게 뽑아라

유망한 신입 영업직원과 7가지 영업역량을 보유한 경력 영업직원을 채용하고 육성시키는 것은 영업주도 조직의 구축을 위한 주요 성공요소이다. 저성장이 예상되는 최근에는 더욱 그렇다. 신입과 베테랑 영업직원을 채용하고 유지하는 것은 일선 영업관리자의 역할이다. 영업전문가를 채용하는 것보다 더 중요한 것이 최고의 일선 영업관리자를 선발하는 것이다.

영업직원을 잘못 선발하면 담당 고객과의 영역이 망가진다. 그러나 영업관리자를 잘못 선발하면 영업관리자가 관리하는 영업팀 전체가 망가진다. 영업직원들이 떠나고, 영업직원들이 담당했던 고객과 영역에 전체적으로 문제가 생긴다. 영업직원 한 명을 잘못 뽑았을 때와는 차원이 다른 손해가 일어나는 것이다. 그렇기 때문에 일선 영업관리자의 선발 기준은 무엇보다 정확하고 세밀하게 세워져야 한다. 회사의 전략 방향성을 인정하지 않는 일선 영업관리자는 영업직원들에게 이렇게 얘기한다.

"사장님이 오늘 전략회의에서 한 말은 현장을 모르시고 하는 소리야! 우리 부서는 그거 신경 쓰지 말고 원래 하던 대로 하자고!"

영업직원들의 마음을 이해하고 공감하지 않는 영업관리자는 영업직원이 회사를 떠나게 한다. 고객의 중요성을 인식하지 않고 숫자만 추구하는 영업관리자를 보고 배운 영업직원은 또 한 명의 잘못된 영업관리자가 된다.

이러한 영향력을 고려해 기업에 필요한 일선 영업관리자의 성향에 대해 대인관계, 결과 지향성, 개념적 능력, 고객 중심주의, 진정성 측면으로 나누어 알아보도록 하자.

대인관계

- 대인관계에서 이해심을 가지려고 노력한다.
- 상대방의 이야기를 잘 듣는다.
- 관리자가 아닌 리더이다.
- 회사의 조직 구조와 운영에 대해 정통하다.
- 함께 있으면 타인에게 좋은 영향을 준다.

- 만나면 친밀감을 준다.

- 의사결정 시 결단력이 있다.

- 요청에 대한 대응이 빠르다.

결과 지향성

- 목표와 결과 지향적이다.

- 스스로에게 동기부여를 한다.

- 목표 달성을 위한 경쟁력이 있다.

- 목표를 이루기 위해 조직적으로 사고하고 행동한다.

- 야망을 가지고 있다.

개념적 능력

- 문제 해결을 즐기고 능숙하다.

- 전략적 사고를 한다.

- 분석적이다.

- 판단력이 훌륭하다.

- 학습 능력과 혁신 능력을 가지고 있다.

고객 중심주의

- 고객을 가장 최우선으로 한다.

- 고객과의 신뢰를 중시한다.

- 고객과의 만남에 항상 적극적이다.

진정성

- 윤리적인 사고와 행동을 한다.
- 신뢰할 수 있는 사람이다.
- 모든 것을 말뿐이 아닌 솔선수범을 통해 보여준다.

영업주도 조직은 이 각각의 성향을 선발 기준으로 표준화해, 영업 관리자를 선발하고 육성해야 한다. 이를 통해 선발된 영업관리자는 조직의 접점에 선 리더로서 영업직원들의 모범이 될 것이며, 조직을 리드해 큰 성과를 만들 것이다.

4

그만두기 싫은 회사를
만들면 된다

　대부분의 기업은 사업을 확장하거나 매출을 높이기 위해 영업직원을 채용한다. 신입이든 경력직원이든 교육과 훈련을 통해 더 만족스러운 성과를 내는 유능한 영업직원으로 육성하기 위해 노력한다. 이렇게 시간과 비용을 투자한 영업직원이 회사를 떠난다면, 회사 차원에서는 큰 손실이다. 이직률이 20%라면, 매년 20%의 새로운 영업직원을 뽑아야 하고 이들을 다시 교육시키고 고객과 관계를 맺는 것을 도와주어야 한다. 신입 영업직원을 회사에 기여할 만한 경력직원으로 성장시키기 위해서는 시간이 필요하다. 처음 1~2년은 그들의 역량을 개발하기 위해 회사에서 투자하는 것이다. 그런데 만약 이직률이 50%라면 회사는 영업을 가르쳐 다른 회사로 보내주는 대학의 역할을 수행하게 되는 꼴이다. 또 영업직원이 움직이면 고객도 따라 가는 경우가 많다. 아무리 가능성 있는 영업직원을 채용하더라도, 이직률이 높다면 영업의 생산성은 낮아지고 새로운 고객을 찾아야 하는 비용투자는 늘어나게 된다.

"키워봤자 나가버리는데, 교육은 무슨…"

훌륭한 신입 영업직원, 경력 영업직원, 일선 영업관리자를 채용하고 선발하는 것만이 영업주도 조직의 전부가 아니다. 채용하고 선발한 영업직원과 영업관리자들이 이직하지 않도록, 확보한 인재를 유지하는 것도 채용과 함께 중요한 부분이다.

어느 중소기업 사장이 했던 말이 생각난다.

"교육 투자를 하기가 겁납니다. 좋은 사람을 뽑아 영업을 잘 가르치고 교육시켜놓으면 더 큰 회사로 가버려요. 그래서 지금은 바로 쓸 수 있는 경력사원을 뽑는데 이 사람들은 더해요. 조금만 대우가 좋은 곳이 나타나면 고객까지 데리고 가버리는 거예요. 회사에 대한 충성도를 기대하기는 어렵겠지만 그래도 너무 합니다. 기껏 키워놓으면 떠나고, 그래서 교육이 필요 없는 사람을 채용하면 고객까지 가지고 가버리니 어찌해야 좋을지 고민이 너무 많습니다."

시간과 비용을 투자한 인재를 회사에 붙들어놓는 방법은 무엇일까? 그들은 왜 회사를 떠날까? 육성시킨 영업 인력이 회사를 떠나지 않게 하기 위해서는 첫째, 영업직원의 동기부여를 관리해야 한다. 동기부여는 영업직원의 업무에 대한 명확한 이해와 성취욕을 기반으로 조성된다. 아울러 동기부여는 사기가 충만한 조직에서 발생한다. 경영진은 영업직원이 일당백을 해주기를 바란다. 일당백은 군부대에서 쓰는 용어이다. 일당백을 하는 부대는 특징이 있다. 아무리 힘들고 고달픈 병영 생활이지만 이 부대에는 전우애가 있다. 사기는 전우애를 바탕으로, 윗사람으로부터 시작되는 아랫사람에 대한 사랑이 만든다. 윗사람과 동료의 전우애를 통한 사기가 기반이 되고 영업 업무에 대한 명확한 이해와 성취욕이 있는 영업직원은 웬만해서 회사를 떠나지 않는다.

둘째, 공정한 평가와 보상이 있어야 한다. 오랫동안의 연구와 실무 경험에 의하면 실적에 대한 보상이 있는 경우, 영업직원은 회사를 떠날 생각을 하지 않는다. 월급과 성과에 대한 인센티브를 받고 성취감을 느낀 영업직원은 회사의 전략과 목표를 향해 열심히 뛴다. 그러나 조건이 있다. 적절한 목표 설정과 공정한 평가가 보상의 조건이다. 공정한 평가가 없는 보상은 훌륭한 영업인재를 빨리 회사에서 떠나게 만든다. 내가 하는 일에 대한 평가와 보상이 적절치 않다고 여겨질 때, 외부의 유혹에 쉽게 노출된다. 경쟁사는 유능한 영업인재에 늘 손을 뻗치고 있다는 사실을 잊으면 안 된다.

그런데 공정한 평가라는 것은 매우 어려운 일이다. 모든 사람에게 공정하다고 느껴지는 평가 기준을 세우기는 불가능하기 때문이다. 최대한 공정한 평가를 하기 위한 회사의 노력이 필요하다. 목표 설정과 평가를 공유하고 소통하며, 그 피드백을 함께하는 식으로 진행한다면 직원 모두가 공정한 평가를 향한 회사의 노력을 알게 될 것이다.

셋째, 영업직원에 대한 적절한 지원과 정성적 대우, 보상이 필요하다. 영업직원이 업무에 대한 만족도를 관리하며 회사에 남고 싶어 하도록 도와주어야 한다. 영업 업무에 대한 만족도는 명확하게 영업 단계가 정리되어 있는 경우 높아질 수 있다. 연봉과 같은 정량적 보상이 아닌, '이 회사에서 영업 업무를 하는 것이 마음에 들어서', '회사의 관리자에게 신뢰를 느끼고 동료들과 함께 생활하는 것이 좋아서', '회사에서 열심히 일하면 미래가 좋아질 것 같아서'와 같은 정성적 대우와 보상은 유망한 영업직원이 회사를 떠나지 않게 하는 변수이다.

그런데 동기부여도 잘 되고 많은 보상을 해주는데도 회사를 떠나는 영업직원의 경우는 매우 많다. 그 이유는 비금전적인 부분들에서 보상과 대우가 미흡했기 때문이다. 훌륭한 일선 영업관리자, 칭찬 문화, 동료애 등의 비금전적 보상과 대우는 영업주도 조직의 필수요소이다.

유능한 영업직원이 회사를 떠나지 않게 하는 것의 접점에는 훌륭한 일선 관리자가 있어야 한다. 아무리 시스템과 프로세스가 잘 되어 있더라도 일선 관리자에게 문제가 있으면 직원들은 떠난다. 일선 관리자의 역할도 필수요소이다.

영업주도 조직은 모두가 인사 담당자이고 동기부여 담당자이다. 경영진도, 인사관리자도, 일반 부서 직원도 관심을 가지고 영업인재를 적절하게 대우해주어야 한다. 회사의 매출 목표가 중요하다면, 회사가 생존과 성장해야 한다는 방향을 향해 있는 영업주도 조직이라면 전장에서 전투 속에 살아가는 베테랑 영업직원을 마음을 담아 인정해주고 그들을 돌보아주려고 해야 하지 않을까?

베테랑 사냥꾼을 키우는 법

업무 방식과 문화가 다르고 성향이 다른 조직 간의 융화, 상호이해는 인재를 떠나지 않게 한다. 이질적이라고 해서 이해하지 못하면 인재는 떠난다. 유능한 영업직원은 끊임없이 시장에서 구애를 받고 있고 그들은 고객의 사랑을, 회사 내부 사람의 사랑을 갈구한다.

농사꾼과 사냥꾼이 함께 어우러져 사는 마을이 있었다. 마을 전체 남자의 1/3은 사냥꾼이었고 2/3는 농사꾼이었다. 농사꾼은 새벽에 일찍 일어나 저녁까지 성실하게 밭을 갈고 논을 매어 매년 풍성하게 수확했고, 이 곡식으로 온 마을 사람들을 풍족하게 해주었다. 상대적으로 소수의 사냥꾼은 늦잠을 자고 일어나 고기, 술을 먹고 마시고 활쏘기, 창던지기 놀이를 하며 시간을 보냈다. 그러다 어느 날, 달 밝은 밤에 일주일씩 사냥을 나가 피곤한 모습으로 잔뜩 사냥한 동물들을 가지고 돌아와서 마을 사람들의 단백질 부족을 해결해주었다. 다수인 농사꾼은 근면성실하게 일하는 자신들과 달리, 마을에 단백질을 공급하기는 하지만 매일 놀고먹는 것처럼 보이는 사냥꾼 집단이 마음에 들지 않았다. 특히 농사꾼 중에 리더인 마을의 젊은 농사꾼은 이것에 대한 불만이 많아 가끔 나이 많고 현명한 촌장에게 불평을 하곤 했다. 현명한 촌장은 그때마다 온화한 웃음으로 그 농사꾼을 달래곤 했다.

어느 날 현명한 촌장이 세상을 떠나고, 그 젊은 농사꾼 리더가 다수결로 촌장이 되었다. 새 촌장은 평소에 못마땅했던 사냥꾼을 개혁하기로 마음먹었다. 사냥꾼들을 불러 다음과 같이 지시했다.

"첫째, 이 마을의 모든 주민은 근면성실이 원칙이니 사냥꾼도 농사꾼과 마찬가지로 일찍 일어나라. 둘째, 일과 중에 사냥 연습(활쏘기/창던지기)을 하고 더 자주 사냥을 나가라. 그리고 저녁에 사냥을 나가지 말고 농사꾼처럼 일과 중에 사냥을 나가고 저녁에는 다음날을 위해 휴식하라. 셋째, (어디선가 사냥 교본을 가지고 와서) 교본대로 연습하고 사냥하라. (물론 사냥 교본에는 사냥 현장에서만 배울 수 있는 현장의 노하우는 없었다.) 넷째, 겪어보니 우리 마을의 사냥꾼들은 현재 원칙대로 사냥을 하고 있지 않다. 내가 가르칠 테니 내가 하라는 대로 해라."

마지막 지시가 가장 문제였다. 촌장이지만 전문가가 아닌 농사꾼이 사냥꾼을 자신의 스타일대로 바꾸려고 한 것이다. 이런 지시가 내려진 후 얼마 지나지 않아 변화가 일어나기 시작했다. 먼저 사냥꾼은 피곤했다. 달 밝은 밤에 일주일씩 사냥을 나가고 나머지는 먹고 놀기만 한 것은, 그 일주일을 위한 체력 보강과 놀이를 통한 사냥 연습이었다. 왜냐하면 일주일씩 잠을 안 자고 사냥을 하려면 체력보강과 놀이를 통한 연습이 필요했기 때문이었고 힘든 일주일을 위한 즐거운 시간이 필요했기 때문이다. 매일 일찍 일어나 생활하다가 사냥을 나가니 졸기 일쑤였고 결정적인 순간을 놓치는 경우도 허다했다. 대대로 내려온 현장에서 배운 사냥 방법을 써야 할 때도 많은데, 촌장이 지시한 사냥 교본대로 해야만 하니 성공률도 낮아졌다. 몰래 예전 방법을 쓰면 촌장에게 불려가 혼나서 시도하지 않게 되었다. 사냥을 통해 잡은 고기는 줄고, 그러다 보니 쉴 시간도 줄고, 촌장은 "역시 잘 못하지 않느냐."며 혼내고… 악순환의 연속이었다.

젊은 사냥꾼의 일부는 농사꾼과 똑같이 일찍 일어나면서 목숨까지 내걸고 사냥은 사냥대로 해야 하고 옛날처럼 쉬지도 먹지도 못하니, 이럴 바에는 농사꾼이 되겠다고 업을 바꾸기도 하고 중고참인 사냥꾼은 상대적으로 사냥꾼을 인정해주는 다른 마을로 이사를 갔다. 사냥꾼의 2/3가 농사꾼으로 전직을 하거나 마을을 떠났다. 이렇게 사냥꾼의 숫자가 줄다 보니 어느 날 촌장은 생각했다.

"그래, 훌륭한 농사꾼을 사냥꾼으로 바꾸는 거야!"

사냥꾼의 2/3 농사꾼으로 채워졌다. 사냥꾼이 된 농사꾼 중고참들은 경험 부족으로 다리가 부러지거나 멧돼지에 받치거나 하는 등 사고를 당했다. 그렇게 다친 사냥꾼들은 핑계를 대고 사냥을 안 나가기 시작하거나, 사냥을 나가도 위험한 지역은 가지 않았다. 물론 사냥의 양은 급격히 줄어들었고 사기가 떨어진 사냥꾼들은 어느 누구도 베테랑 사냥꾼이 되지 못했다.

이 이야기에서 사냥꾼은 신뢰 기반의 장기적인 관계가 중요한 영업직원이고 농사꾼은 이를 지원하는 타 부서 직원으로 볼 수 있다. 영업직원의 동기부여는 타 부서 직원과 달라야 한다. 현장 중심의 역량 개발과 결정적인 순간에 돈 냄새를 맡는 능력, 영업의 맥을 짚는 능력을 키우기 위해서는 농사꾼의 동기부여와 다르게 운영해야 한다. 결정적인 순간에 제안을 통해 계약을 성사시켜야 하는 사냥꾼(영업직원)이 조직에 필요하다면, 경영진은 사냥꾼을 농사꾼처럼 다루어서는 안 된다. 경영진은 영업 조직의 동기부여와 타 조직의 동기부여를 조화롭게 관리하고, 현장에 기반한 역량 개발에 투자해야 한다. 역량을 근거로 인력을 적재적소에 배치하고 서로 다른 조직 문화를 인정해주어야 한다. 촌장의 출신이 무엇이든, 사냥꾼의 문화와 농사꾼의 문화 모두를 존중해야 하는 것이다.

5

'명장' 밑에
'약졸' 없다

나는 처음 신입 영업직원으로 회사에 입사해 1년 동안 영업 교육을 받았다. 제품과 솔루션, 고객의 비즈니스, 영업주도 조직 문화, 영업의 스킬을 체계적으로 교육 받고 실전에 준하는 연습을 했다. 그런데도 고객을 만나는 것이 처음에는 너무 힘들었다. 고객을 만나야 고객가치를 전달하는데, 만나는 고객은 항상 불만을 제기하고 끊임없이 요구하고 꾸중만 하니 그런 만남을 하고 싶은 사람은 아무도 없을 것이다.

"맷집? 열정? 도대체 언제 적 영업입니까?"

어느 가전제품 소상공인 영업팀은 직원들끼리 하루 날을 잡아 '빌딩 타기'를 한다. 상업지역의 한 구역을 정해, 제품 설명서를 가지고 구역 내 전 빌딩을 돌아다니며 영업을 하는 것이다. 잡상인 취급을 받는 것은 당연할 것이고 그날 기분이 좋지 않은 잠재 고객은 욕까지 하는 경우도 다반수였다. 이 이야기를 들은 한 신문사 영업팀은 '동 타기'를 한다고 한다. 주거 지역의 한 구획을 정해서 아파트 한 동 한 동 다 돌며 신문을 보라고 영업하는 것이다.

모든 영업직원들은 고객의 집 앞에서, 고객 회사의 문 앞에서 한두 시간 서성이는 경험을 한다. 불만을 토로하고, 화를 내고, 꾸중하는 고객을 만나는 것이 두렵고 어려워서이다. 왜 고객은 영업직원을 이렇게 대할까? 돈을 내고 효용을 원하기 때문이다. 돈을 지불하고 구매한 것에 흔쾌히 만족하는 고객은 많지 않다. 대부분의 고객들은 지불한 가격 대비 효용이 적다고 느끼고 더 좋은 효용을 위해, 다음 구매 시 더 나은 가치를 얻기 위해 영업직원에게 불만을 뱉어낸다.

잔소리하는 아내는 나를 사랑하는 것이나. 산소리와 불만이 없는 부부는 애정전선에 문제가 있을지도 모른다. 영업직원은 역량을 키워가다 보면 어느 수준에 도달했을 때 이러한 진실을 알게 된다. 고객의 불만과 꾸중이 나를 좋아한다는 표시라는 것, 내 월급은 회사가 아니라 고객이 주는 것이라는 진실이다. 그때 영업직원들은 자신이 베테랑 영업전문가로 한발 성장했다는 것을 확신한다. 이런 확신을 느끼기까지는 오랜 시간이 걸린다. 아니 영원히 느끼지 못할 수도 있을 것이다. 베테랑 영업전문가로 성장하지 못한다면 말이다. 영업역량을 쌓기 위해서는 시간이 반드시 필요하고, 그렇기 때문에 처음이 어렵고 힘든 것이다.

영업역량은 타고나는 것이 아닌 후천적으로 개발되는 것이다. 어렵고 힘들어도 시장에서 연습하고 극복하고, 시간을 두고 현장경험을 통해 몸으로 배우는 것이다. 영업주도 조직의 경영진은 참을성 있게 체계적이고 과학적인 교육훈련을 통해 베테랑 영업직원을 만든다.

1년을 꼬박 교육 받고 나가도 어려운 게 현장 실무다. 이렇게 교육을 받고, 현장에서의 무던한 연습을 통해 10명 중에 6~7명이 잘하고, 그중 3~4명이 베테랑 영업전문가가 된다.

최근 어려운 경영 환경에서 다급해진 기업은 한 달, 일주일, 어떤 기업은 하루 영업 교육을 시키고 정신력으로 영업을 해오라고 신입 영업직원을 현장으로 내몬다. 살아 돌아오는 영업직원은 챙기고, 나머지는 버린다. 이런 기업의 미래가 밝을 수 있을까? 아무리 어려워도 시간을 투자해 제대로 된 교육훈련을 개발하고 실행해야 한다. 이러한 교육이 어렵다면 대학과 협력해서 조기교육을 시켜야 한다. 영업이 그 기업에 정말로 필요하고 중요한 기능이라면 말이다.

일류를 지향하는 영업 교육

영업직원 교육을 과학적이고 체계적으로 기획·운영하는 기업은 영업직원을 지속적으로 성장시켜 시장에서 성공하도록 돕는다. 현재 가진 역량과 상관없이 지속적인 교육이 필요하다. 시장의 변화와 고객에 대한 이해를 바탕으로 고객가치를 제공해야 하는 영업직원은 끊임없는 공부가 필요하기 때문이다. 체계화되고 과학화된 교육은 영업직원, 고객, 기업을 위해 반드시 필요한 것이다. 훌륭한 교육 프로그램이 고객에게 미치는 효과를 보자.

첫째, 체계화된 교육을 통해 영업직원은 고객의 제품과 서비스의 니즈를 이해하게 된다.

둘째, 고객은 영업직원이 고객가치를 제공할 것이라 느끼고 그들을 신뢰한다.

셋째, 고객은 영업직원이 자신을 지원하는 데 있어 쓸데없이 시간을 낭비하지 않을 것이라고 믿는다.

넷째, 고객은 이 교육을 받고 있는 영업직원과 함께 일하고 싶어 한다.

다음으로 영업직원에게는 체계화된 교육이 어떤 도움이 될까?

첫째, 신입 영업직원의 생산성이 빠르게 올라간다.

둘째, 체계적이고 과학적인 교육을 받은 영업직원은 어려운 환경에서도 잘할 수 있을 것이라는 자신감을 갖는다.

셋째, 영업직원은 시장, 환경, 고객, 고객 산업, 제품 및 기술의 트렌드를 이해하고 이를 영업에 적극적으로 이용한다.

마지막으로 기업에 주는 장점은 아래와 같다.

첫째, 훌륭한 교육은 영업직원의 사기와 유지에 긍정적인 영향을 미치고 이런 교육 혜택을 받은 직원은 기업에 대한 충성도가 높아져 회사를 떠나려 하지 않는다.

둘째, 이를 통해 기업은 차별화 되고 가격 경쟁을 최소화한다.

셋째, 영업직원이 조직의 문화를 이해하고 이를 바탕으로 업무를 수행함으로써 영업주도 조직 문화를 만들게 된다.

이렇듯 제대로 준비되고 실행하는 교육 프로그램은 영업직원과 고객의 만족도를 높이고 이를 통해 기업의 성공에 이바지한다.

영업직원 교육은 지식, 스킬 그리고 문화

과학적이고 체계화된 영업직원 교육은 고객과 회사, 영업직원 개인의 발전을 위해 반드시 필요하다. 그렇다면 영업직원을 위해 준비해야 할 교육에는 어떤 항목이 있을까? 교육의 구성 내용에 관해 알아보도록 하자. 영업주도 조직으로 자리 잡기 위한 영업직원 교육 내용은 크게 3가지로 나눌 수 있는데 '지식'과 '영업 스킬', 그리고 영업주도 조직 확립을 위한 '문화'이다.

먼저 지식과 관련한 영업 교육 콘텐츠이다.

- 제품 지식

- 시장 조사 및 지식

- 고객 및 고객 산업 교육

- 경쟁사 분석 교육

- 기술 동향 교육

두 번째, 영업 스킬에 대한 교육 내용이다.

- 어카운트 플래닝(Account Planning): 고객 기업의 비즈니스에 대한 분석을 통해 그해 영업 목표 달성 계획을 만드는 기법

- 리스닝 기법(Listening Skill)

- 오픈 퀘스쳐닝(Open Questioning): 무엇을, 어떻게, 언제, 왜, 어디에서 등 의문사를 시작으로 한 질문을 통해 고객과의 상호 소통(Two Way Communication)을 활성화시키는 기법

- 협상 기법(Negotiation Skill): 역할극 등을 통해 협상력을 제고하는 기법

- 설득 기법(Persuasion Skill)

- 팀 영업 기법(Team Selling): 다양한 부서의 협업을 통해 고객가치를 제공해야 하는 최근의 전략적 영업 기법으로 팀 협업을 기반으로 결과물을 창출해내는 기법

- 시간 및 구역 관리(Time and Territory Management): 영업직원의 시간 관리를 통

해 자신의 고객과 자신의 구역을 효과적, 효율적으로 관리하는 기법으로 고

객과의 접점 시간을 늘리며 관계를 구축하고 유지

- 고객관계 구축 기법(Customer Relationship Building)

- 분석적 사고 기법(Analytical Thinking)

- 창조적 사고 기법(Creative Thinking)

- 발표력 기법(Presentation)

- 제안서 작성(Writing)

세 번째, 영업주도 조직의 기초를 위한 문화 교육이다.

- 기업 가치

- 기업 전략 및 사업부 전략

- 기업 윤리 교육

- 소통과 협업 교육

- 영업의 자부심 고취 교육

위의 영업직원을 위한 교육은 집체 교육(Classroom Education), OJT 교육, 웹 기반 교육, 역할극(Role Play) 기법, 셀프 스터디, 참여관찰 기법 등 다양한 방법을 통해 적절하게 진행되어야 한다. 교육의 구분에 따른 적절한 교육 방식은 지식에 관한 교육의 경우 집체 교육과 웹 기반 교육, 셀프 스터디 방식이 적합하며 영업 스킬에 관한 교육은 집체 교육과 OJT 교육, 세미나 참여, 참여관찰 기법을 통하면

효과적이다. 문화에 대한 교육은 집체 교육으로 시작해 OJT 교육으로 직접 현장에서 느끼고 배우는 것이 중요하다.

사회 전체가 장기간의 저성장과 대공황 같은 어려운 시기를 일찍 경험했던 미국의 글로벌 기업은 오래전부터 영업 교육에 대한 투자를 다양하고 체계적으로 실행해 왔다. IBM과 HP도 영업 교육에 대한 투자에 많은 정성을 쏟았는데, 특히 IBM은 입사 후 바로 신입 영업직원 교육을 1년간 수행했다. 제품 교육, 고객 산업에 대한 교육, 영업역량 증진에 관한 교육 등 다양한 교육을 받았다. 그중에서도 고객의 구매 단계를 정해 놓고, 이에 맞추어 영업 단계를 표로 정리해 단계별 영업을 세밀하게 관리하는 것에 대한 교육을 가장 많이 받았다.

사실 탁월한 영업직원은 이러한 단계별 표를 기반으로 영업에 접근할 필요가 없다. 고객과 마음을 터놓는 단계를 시작으로 영업 기회를 발굴하고 고객에게 해결책을 제시하는 단계, 그 해결책을 기반으로 계약하는 단계, 계약을 기반으로 납품과 설치를 수행, 사후 관리하는 단계로 진행되는 매뉴얼은 베테랑 영업직원에게 일상의 일이기 때문이다. 굳이 단계별로 따라 하지 않고 몇 단계 정도는 뛰어넘어도 영업을 종결할 수 있다. 그래서 미국의 고위 임원과 내부 미팅을 할 때 질문을 던졌다.

"우리 회사의 영업직원들은 대부분 베테랑이라 정해진 영업 단계를 따라 할 필요가 없는데 왜 이런 교육을 받아야 하나요?"

이에 대해 고위 임원은 이렇게 대답했다.

"맞다. 잘하는 영업 베테랑은 이 프로세스 교육 받을 필요가 없다. 그러나 조직은 10~20%의 훌륭한 베테랑과 나머지 80~90%의 평범한 직원으로 구성되어 있고, 이 교육의 주요 타깃은 평범한 직원이다. 그래서 탁월한 베테랑 영업직원에게는 필요 없을지 모르지만 이 프로세스 교육을 시키는 것이고, 이를 직원들은 따라야 한다."

인디애나 대학의 로잔 스피로(Rosan Spiro) 교수는 그의 저서《영업 조직 관리(Management of Sales Force)》에서 "영업직원 교육에 투자를 통한 ROI(투자자본수익률)는 상위권과 하위권 각각 20%가 아닌, 중간 60%가 가장 높다."라고 밝혔다. 영업직원 교육은 몇몇 잘하는 직원보다 평범한 직원을 상위 그룹으로 만들기 위한 투자이다.

6

미우나 고우나
'고객'에게 답이 있다

영업 교육의 시작은 고객의 이해이다. 제품을 공부하는 것은 그 다음의 일이다. 고객을 이해하지 않고 영업을 한다는 것은 모래 위에 건물을 짓는 것과 다를 바가 없다. 일반 소비자를 대상으로 하는 영업은 고객이 무엇을 원하는지 알아내야 그 고객에 맞는 제품과 서비스를 제공할 수 있고, 기업고객을 대상으로 하는 영업직원은 고객의 비즈니스, 사업에 관한 이해를 바탕으로 고객이 성공할 수 있도록 도움을 주어야 한다. 고객의 속마음을 알아내고 고객의 니즈를 알아내는 것이 고객과의 신뢰 관계 구축의 시작이다.

고객이 원하는 것은 무엇인가

커피전문점의 직원을 예로 들어보자. 그는 아침에 출근하자마자 사장으로부터 지시사항을 듣는다.

"요즘 매출도 줄어 고민이 많네. 가능하면 아메리카노보다 가격이 조금 높은 라떼나 카푸치노 같은 가격이 높은 제품을 팔아보세요."

이 직원은 생각한다.

"그래, 사장님 말씀대로 비싼 제품을 팔아보자. 열심히 팔면 인센티브도 조금 주시지 않을까?"

열심히 팔아보겠다는 다짐을 하고 있던 차에, 한 고객이 들어온다.

"그래 첫 고객이다. 나이도 있으시니 조금 달고, 밖이 더우니 찬 아이스 라떼를 팔아보자. 비싼 제품을 팔면 사장님도 좋아하시겠지!"

이 고객은 요즘 고민도 많아 조금 쉴 생각으로 커피점에 들어왔다. 그런데 이 고객은 건강이 안 좋은 편이다. 당뇨도 있고 이가 많이 안 좋아 찬 음식도 못 먹는다.

"손님, 무엇을 도와드릴까요?"

"네, 커피 한 잔 하려고요."

"네, 손님, 저희 집은 달달한 아이스 라떼를 잘 합니다."

"아, 됐고요. 나는 그냥 따뜻한 아메리카노 주세요."

"아 손님, 그러시다면 제가 5% 할인도 해드리겠습니다. 첫 손님이시거든요. 하하!"

영업직원은 생각한다. '좀 더 비싼 커피를 팔기 위해 할인 제안까지 했네! 내가 생각해도 나는 영락없는 장사꾼이야!' 하지만 손님은 이 커피점이 좀 더 비싼 커피를 파는 것에만 혈안이 된 곳이라고 생각하며 나간다.

영업의 시작은 고객을 이해하는 것이다. 사실 내가 파는 제품이 어떻다는 것은 중요하지 않다. 중요한 것은 '고객이 무엇을 원하는가'이다. 교육훈련도 고객을 이해하는 것이 먼저여야 한다. 기업고객을 대상으로 하는 영업직원은 고객의 비즈니스에 관한 이해가 첫 번째이다. 고객의 비즈니스를 이해하기 위해서는 당연히 고객의 업무에 관한 교육을 받아야 한다.

IBM은 입사와 동시에 대학생 초보 딱지를 떼고 전문가 집단으로 거듭나게 하는 여러 가지 커리큘럼의 교육을 진행했다. 입사 후 1년 동안 실제 업무 없이 교육과 역할극 등 실습만을 진행했다. 신입사원을 채용해 1년간 교육만 시킨다는 것은 회사 입장에서는 대단한 투자다. 그만큼 회사가 이에 대한 중요성을 높이 평가하고 있는 것이다. 입사 후 교육을 받으며 지낸 지 9개월 정도가 지났을 때, 은행 영업부로 발령이 났다. 물론 발령이 난 이후에도 회사의 신입사원 교육 프로그램은 연말까지 지속되었는데, 기존 회사의 교육 프로그램에 추가해 은행 영업부에서 교육을 따로 진행했다. 당시 은행영업부에서는 '은행 업무'라는 과목을 개설해, 나를 포함한 신입사원을 위해 은행의 예금과 대출을 통해 어떻게 수익을 내는가와 은행에서 이루어지는 매일 매일의 결산 프로세스 등 신입 은행원의 교육에 준하는 교육을 진행했다. 강사는 은행에서 채용한 경력사원과 직접 은행 고객을 초빙하기도 했다. 컴퓨터를 취급하는 회사에서 은행 업무를 신입사원에게 가르친 것이다.

당시 전 세계적으로 영업 사관학교라는 명성을 가졌던 IBM에서 은행 업무 교육을 시켰다는 것은 여러 의미가 있다. 신입사원에게 제품과 솔루션에 버금가는 고객사의 업무에 대한 중요성을 인식시키는 효과가 가장 컸다. 그 이후로 나는 어떤 일을 하든지 고객의 업무에 대한 관심을 가지고 공부하는 습관을 가지게 되었다. 고객 업무에 대한 교육은 신입사원 때부터 시작해서 몸에 익숙하게, 습관이 되게 하는 것이 중요하다. 고객 업무에 대한 교육은 신입사원 시절부터 시작해 끊임없이 프로그램화해야 하고, 여러 가지 방법을 통해 체득하고 진화시켜야 한다.

일반 소비자 대상의 영업과 기업고객 대상의 영업 모두, 회사 차원에서 교육을 수행해야 한다. 많은 기업들이 자신의 제품에 대한 설명과 이를 어떻게 하면 잘 팔까 하는 기법을 영업직원에게 가르친다. 물론 이것도 중요하다. 그러나 더 중요한 것은 고객에 대한 공부와 교육이다. 왜냐하면 구매는 고객이 하는 것이다. 고객이 원하는 것을 이해 못한다면 아무리 좋은 제품을 가지고 있다 하더라도 매출로 이어지기 쉽지 않다.

'고객의 업'에 대한 인사이트를 발견하라

고객의 업무를 이해하는 것에 추가해, 고객이 속한 산업에 관한 교육도 필요하다. 특히 기업고객을 대상으로 하는 영업은 최근 솔루션 영업을 넘어, 인사이트 영업으로 향하고 있다. 고객의 문제를 해결해주고 니즈를 만족시키는 솔루션 영업만 가지고는 똑똑해진 고객을 감동시키기 어려워졌다. 고객이 아직 모르고 있는 문제를 찾아서, 고객이 한 단계 성장할 수 있는 전략을 만들어주는 인사이트 영업이 필요한 세상이 온 것이다. 이를 위해 고객의 현재 업무만 이해해서는 90점 이상을 받을 수 없고, 고객이 속한 산업에 대한 교육과 공부가 필요하다. 고객 산업에 대한 통찰을 가지려면 무엇을 준비해야 하는지 살펴보자.

첫째, 고객 산업 이해에 대한 교육은 당연히 필수다. 교육을 통해 산업에 대한 이해와 통찰을 얻을 수 있다. 산업에 관한 책을 구해 읽고, 그 산업 분야 신문이나 정기간행물을 구독하는 것, 인터넷을 통해 서핑하고 고객이 등록된 조찬회나 포럼에 함께 참석하고 고객 산업 자료를 꼼꼼히 읽는 등 다양한 방법이 있다.

아울러 고객 산업을 이해하는 좋은 방법 중 하나는 고객 접점 시간의 향상을 통한 고객과의 소통이다. 보통 고객 산업에 대한 이해와 통찰은 그 시장에서 뛰고 있는 실무자, 관리자, 중역이 제일 잘 알 수밖에 없다. 항상 산업에 닥친 문제를 해결하고 전략을 개발해야 하기 때문에, 밤잠을 설치면서 산업에 대해 고민한다. 따라서 고객과의 접촉이 가장 최신의, 가장 적절한 이해와 통찰을 가질 수 있는 최선의 방법이다.

이것을 하려면 2가지 길을 따라야 한다. 먼저, 최소한의 고객 산업에 대한 기초지식은 있어야 한다. 그래야 고객이 반응한다. 그리고 고객 접점 시간을 늘려야 한다. 고객과의 시간을 늘릴 수 없으면 산업에 대한 고민과 해결책도 공유할 수 없다. 회사는 신입사원 시절부터 영업직원에게 고객 접점 시간의 중요함을 일깨워주어야 한다. 몸에 배게 하는 것이다.

둘째, 기업은 고객 산업의 분류에 맞는 지원 조직을 갖추어야 한다. 제안 팀, 개발팀, 고객지원 팀이 산업의 분류에 맞게 조직화되어 영업팀과 협업하는 것이다. 제조사 고객인 경우, ERP와 공급망 관리 등 산업에 관한 다양한 전문가 그룹을 갖추고 영업팀과 협업해 고객 산업의 인사이트를 고객과 함께 가지고 있어야 하고, 이를 통해 고객과 능숙하게 소통할 수 있어야 한다.

셋째, 고객 산업의 경쟁 상황을 알아야 한다. 고객사의 외부 환경 분석과 경쟁 환경 분석을 통해 고객사의 경쟁자를 분석하고 고객사의 역량에 대한 현주소를 알 수 있게 된다. 고객 산업의 이해는 경쟁상황을 통해 직접 고객 산업이 겪고 있는 위험과 현안에 관해 숙지하게 되기 때문에 고객에게 더 가치 있는 해결책(솔루션)을 제공해줄 수 있다.

초일류 기업의 영업 교육은 어떨까

영업주도 조직의 영업직원 교육은 기업의 규모, 형태, 기업이 속한 산업과 상관없이 모든 조직에게 있어 중요한 요소이다. 단지 우리나라보다 먼저 저성장을 겪은 서구와 일본의 기업들이 영업직원 교육에 대한 투자를 먼저 시도해 과학적, 체계적으로 교육 프로그램을 시행하고 있다. 먼저 시도했기 때문에 시행착오도 겪었고 지속적으로 진화했다. 이들의 교육 프로그램이 우리에게 정확하게 맞지 않을 수도 있지만, 저성장 시대를 맞닥뜨리고 우리나라의 기업들이 적지 않은 도움을 받을 수 있으리라 생각된다.

나는 25년이라는 영업 경력을 글로벌 기업에서 쌓았다. 이들 글로벌 기업은 영업직원을 위한 교육에 남다른 노력을 보였다. 삼성전자의 교육체계는 집체 교육을 통해 영업직원의 마음까지 설득한다. B2B영업팀을 처음으로 만들 당시, 'B2B영업의 이해'라는 교육 프로그램을 개발해 끊임없이 현장 영업직원과 본부 부서 직원까지 교육을 수행했고, 이 교육은 해외 주재원 양성과정에서도 진행되었다. B2C, 유통, B2B영업 및 다양한 마케팅 교육과 기업의 가치에 대한 교육이 다양하게 체계적, 과학적으로 실행되었다.

지금도 기억이 나는 교육은 아이폰 출현 이후, 스마트폰에 대한 기술 격차가 컸던 시기였다. 이에 대한 심각성을 일깨우기 위해 회사는 전 임원에게 하루 분량의 스마트폰 교육을 모두 받도록 했다.

미디어를 통해 알기만 했고 현실적으로 느끼지 못했던 경쟁사와의 격차를 느끼게 하기 위해 기술에 익숙한 젊은 직원이 강사로, 고참 임원들을 교육생이 되어 모두 스마트폰을 직접 사용해보도록 하는 핸즈온(Hands on)으로 진행되었고 이 교육은 확실하게 위기를 체감하게 했다. 삼성전자가 스마트폰 분야에서 아이폰과 어깨를 나란히 할 수 있게 된 큰 요인 중 하나는, 바로 이 교육이 아니었을까 싶다.

삼성전자의 교육은 직원들에게 기업의 가치를 전달하고 기업 문화에 접목할 수 있도록 지속적으로 시행되었다. 그리고 이러한 지속적인 가치 전달은 기업의 위기의식이 곧바로 직원들에게 연결되도록 하는 접점 역할을 수행했다. 특히 직원을 이끄는 임원에 대한 교육과 분야별 전문가 양성에 대한 교육이 사업부, 본사, 그룹 전체까지 일관성 있고 체계적으로 실행되었다.

IBM은 입사 후 1년간 영업직원 교육에 투자했다. 부서 배치를 하지 않은 상태에서 1년간 제품과 솔루션, 고객 비즈니스, 영업 스킬, OJT 등을 통해 고객을 응대할 지식과 현장 경험을 연습시켰다. 발령 후에도 거의 매년 계획된 영업직원 교육 프로그램에 따라 교육을 이수해야 했다. 매년 개인 개발 계획을 세워 이를 연말에 평가하고, 교육을 이수하지 못하거나 공부를 게을리하는 경우 평가에 불이익을 받았다.

입사 당시 교육은 주로 IT제품을 정보 시스템 부서 고객에게 맞춤형으로 판매하는 실전 교육이었는데, 1990년대 말, 고객의 구매 형태가 바뀜에 따라 기획, 관리, 인사, 재무 등 현업 고객에게 영업하는 교육으로 바뀌었다. 2000년 초반 하버드 비즈니스 스쿨에서 'IBM 영업중역 과정(IBM Client Executive Program)'을 개발했다. 이 과정은 고객기업의 경영진을 가상 고객으로 하여 그들의 전략 수립 과정을 함께 하게 했다. IT 솔루션을 제안하는 컨설턴트의 역할을 공부해 실제로 수행했다. IT의 청사진을 제안하는 것이 아니라 고객의 비즈니스에 도움이 되는 전략을 만들고 이에 대한 솔루션을 제공함으로써 매출을 창조하는 교육으로 바뀐 것이다. 2010년대를 넘어선 지금은 모든 교육이 고객이 추구하는 가치에 맞게 개발되어 회사 내 영업 판매 단계, 영업직원의 평가, 보상 체계가 모두 고객이 추구하는 가치와 연결되어 있다.

IBM의 영업직원 교육은 실무자부터 임원까지 고객가치에 맞추어, 레벨에 맞는 프로그램을 개발하고 실행한 과학적인 교육과정이고 전문성을 육성하는 교육이다.

다음 그림은 글로벌 의료기기 기업과 글로벌 IT기업의 영업직원 교육 프로그램 사례이다. 이 두 기업은 글로벌 기업으로서 각 산업군에서 발군의 역할을 수행하고 있는 기업이다.

두 회사의 교육 프로그램 특징을 살펴보면, 첫째, 신입사원, 주니어급, 고참, 일선 관리자, 중역 레벨로 직급별 교육 프로그램이 체계적이다.

둘째, 회사가 추구하는 가치와 연결된 교육 프로그램이다. '고객',

글로벌 의료기기기업의 영업 교육 프로그램

Legend:
- Sales Rep
- Senior Sales Rep
- New Sales Manager
- Sales Leader
- Sales Supervisor / Manager
- Regional Sales Manager
- Electives Courses
- ⌐ indicates online courses

	Sales Rep (0 – 2 Years)							Senior Sales Rep (+2 – 3 Years)			New Sales Manager (+2 Years)	Sales Supervisor / Sales Manager (+2 Years)					Regional Sales Manager (+2 Years)		Sales Leader (+2 Years)
Program Code	Fundamental Selling FS1			Fundamental Selling FS2				Fundamental Selling FS3				ASCEND FL FL1					ASCEND SL SL1		Sales LDP
Course Code	S0	S1	S2	S3	S4	S5	S6	S7	S8	S9	S10 S11 S12	M0	M1	M2	M3	M4	M5	M6	M7	SL1
Core Courses	Fundamental Product & Clinical Training (BD, EMID, RMS, STI, YT & MS)	Consultative Selling Skills (CSS)	Re-certification	iSpeak/ MBTI Selling	Planning for Key Accounts (PKA)	Negotiation Skills (NS)	Effective Presentation Skills (PS)	Coaching in Context - Sales Reps (CIC) - Sales Tools	SPIN 2.0	Sales Coaching & Mentoring Skills	ACCELERATE / Situational Leadership / Selection Methodology	Managing Consultative Selling Skill (MCS)	Coaching in Context - Manager (CIC) Sales Funnel -Sales Territory -Large Sales Opp	Coaching Development Program (CDP) - Field Coaching	Sales Dilemma Mgmt (SDM)	Coaching for Perf Improvement (CPI)	Partner Engagement Program (PEP)	Lead	Change	Sales Leader Development Program
Duration (Days)	depends on GBU	2	3	2	1.5	2	1	1	2	2	3 x 2 / 2 / 2	2	1	1	2	1	2	3	3	3 x 2
Timing	1 month from hired date				6 months after completing FS1						6-12 months					6 months after completing FL 1				

ONBOARDING 0 – 6 months

Electives: eLearning											
Fruits of Integrity	Customer Focus	Giving Feedback	Problem Solving	Directing Others	E ective Teams	Customer Advocacy	Enhancing Your Creativity	Workplace Conflict	Persevering through Setbacks	Communicating with a Cross-cultural Audience	Strategic Thinking
Listening with Skill	Assessments / Profiles	Emotional Intelligence	Think Strategically	Managing Upwards	Motivating Employees	Project Management	Conflicting Priorities	Building Your Influence	Getting Results	Making Tough Decisions	

Sales, Industry and Growth Plays Learning by Seller Segments

New Sellers	Sellers(2yrs)	Experienced Sellers	Sellers Leaders
Global Sales School	Sharpen Client Focus	Insight Selling to the CxO	New Blue
Mini MBA	Applying CBV	Financial Selling to the CxO	Success Packs
	Sharpen Client Focus	Build a Better Business Case	First Line Sales Manager Curriculum
	Applying CBV	C-Suite Success	Financial Selling For Leaders: Quantify Compelling Value For The CXO
		One or More	World Class Upline Sales Leadership
New Seller Mentoring		Business and Industry Insight*	Competitive Selling Mastered Level Program
Opportunity Planning Workshop		Global Strategic Conversations*	
Essentials of Competitive Selling		Advenced Sales Leadership*	
		Summit*	

Development Roadmap by Job Roles

* = Requires Nomination

Learning to address individual skill and expertise goals

	New Sellers	Sellers(2yrs)	Experienced Sellers	Sellers Leaders
Industry		Industry Learning		
Solutions	Services Top Gun	Essentials of Deal Making	Master Deal Making*	
	Software Top Gun	Brand Specific Roadmaps	Brand Specific Roadmaps	
	Systems Top Gun / STG			
	Brand Specific Sales Training			
Technical		Role Specific		
Growth Plays		Growth Play Learning		
Team	Opportunity Planning Workshop		Opportunity Accelerator Clinic (OAC)	
	Client Growth Strategic Planning		Business Opportunity Assessment (BOA)	
		Client Team Advantage		
		Classroom to Client		

글로벌 IT기업의 영업 교육 프로그램

'완벽성 추구' 등의 회사 가치와 영업 교육이 연계되어 있다.

셋째, 영업직의 전공에 따른 교육 과정이다. IT기업의 경우, 산업을 전공하느냐 혹은 하드웨어와 소프트웨어 솔루션을 전공하느냐에 따라 교육 과정을 다르게 접근한다.

넷째, 일선 관리자의 교육 프로그램에 투자하고 있다. 신규 일선 관리자의 교육과 관리자의 경력에 따른 교육 과정이 별도로 있다.

위의 몇 가지 글로벌 기업의 교육과정을 살펴보면, 글로벌 기업의 영업직원 교육은 영업주도 조직을 만들기 위한 총체적인 교육 프로그램으로 여겨진다. 최고의 영업 조직을 만들기 위한 영업역량을 키우는 교육과정이며 기업의 가치가 녹아 있는 기업 전략을 교육 프로그램과 연계시킨 것이 특징이다.

무엇보다 고객가치를 가장 우선시 하고 있으며 영업주도 조직의 문화를 만들기 위한 협업 영업 교육과 단계별 시스템 및 프로세스에 의한 소통에 노력하고 있다.

캐딜락 세일즈맨의 영업 비밀

어떤 사람이 영업직에 가장 적합할까? 위에서 언급한 것에 따르면, 7가지 역량을 가진 경력사원, 그리고 하기 싫을 것을 할 줄 알고 맷집과 끈기가 있고 영업을 진심으로 하고 싶어 하는 가능성 있는 신입사원이다. 그런데 이렇게 구구절절한 설명이 아닌, 딱 한마디로 정의할 수는 없을까? 책에서 우연히 읽게 된 영업직원의 이야기가 내게 답을 주었다.

강력한 영업 조직에 관한 책《영업 관리의 볼트와 너트(Nuts and Bolts of Sales Management)》의 저자 존 트리스(John R. Treace)는 그의 책에서 영업직원 채용에 관한 일화를 소개했다. 존 트리스가 의료기기 사업을 할 때였다. 영업직원 한 명을 채용해야 했다. 이 영역을 맡을 새로운 직원은 제품에 대한 지식도 있어야 했고, 고객을 잘 챙기고 무엇보다 이직을 하지 않을 사람이어야 했다. 여러 명의 후보자와 면접을 했으나 만족할 만한 사람이 없어 고민하던 중 마지막 면접자가 나타났다.

그 후보자는 자동차 회사 캐딜락의 세일즈맨이었다. 완전히 다른 분야의 제품이기는 했지만, 면접자에게 질문했다. 그의 매출 실적이 항상 최상위를 유지하고 있는 이유와 전체 매출의 90% 이상이 기존 고객에서 나오는 이유를 물었다. 자동차 구매는 한 세일즈맨에게 지속적으로 하지 않는 것이 보통이기 때문이었다. 한 번 구매한 고객과의 관계가 지속되는 이유가 궁금했다.

캐딜락 세일즈맨은 대답했다.

"나는 최선을 다해 고객을 케어합니다. 고객이 궁금한 캐딜락에 대한 모든 것을 알고 있어서 모든 질문에 대해 적절한 대답을 합니다. 차량 서비스를 받으러 오는 고객은 차가 세차되어 있는지, 기름은 가득 채워져 있는지 항상 확인하고 겨울에는 따뜻하게 해놓고 여름에는 시원하게 해놓습니다. 나는 항상 고객을 최상으로 모시려고 노력합니다."

존 트리스가 다시 질문했다.

"아, 그런 서비스가 회사의 정책입니까?"

그는 대답했다.

"아니오! 회사 정책이 아닙니다. 나는 내 고객을 좋아합니다. 그들은 내 친구입니다."

존 트리스는 캐딜락 세일즈맨인 그를 의료기기 사업 영업직원으로 채용했고 그는 지금까지 성공적으로 영업을 하고 있다.

영업직원의 채용 기준, 역량 선발 기준을 한마디로 정리하면 "고객을 좋아하는가?"이다. 고객을 좋아하는 사람이라면 내가 열거한 영업직원의 역량은 당연히 갖고 있거나 개발될 것이기 때문이다. 캐딜락 세일즈맨과 같이 고객을 좋아하고 사랑하는 영업직원이 있다면 반드시 채용해야 한다.

PART 5.

옳지 않은 길에는 그 어떤 '이익'도 없다

영업 윤리 지키기

Sales Ethics

"상무님, 이번 분기 목표는 달성하기 어려울 것 같습니다. 다음 분기는 최선을 다해 꼭 달성하도록 하겠습니다."

"이 부장, 다음 분기가 돌아오겠어요? 글쎄? 이번 분기 목표도 못 맞추면서 다음 분기를 논의한다는 것은 의미가 없어요. 이번 분기가 지구의 종말이라 생각하고 뛰어보세요. 이번에 못했는데, 다음번에 할 수 있다는 말을 내가 어떻게 믿어요?"

"상무님, 이번에 당성하려면 '밀어내기'를 해야 하는데 더 이상 밀어내기를 하면 대리점에 큰 문제가 생길 것 같습니다."

"듣기 싫어요! 내가 언제 당신 평계 듣고 싶다고 했어요. 그러니 일찍 제대로 준비했어야죠!"

이 부장은 무리를 할 것이다. 영업 윤리에서 비정도 영업은 과락 항목이다. 아무리 영업주도 조직을 만들기 위한 준비를 잘 했다고 하더라도, 이 항목에서 60점 미만을 받으면 기업과 개인의 미래 둘 다 없다.

1

정도 영업이
이길 수밖에 없는 이유

　최근 기업의 윤리에 대한 중요성은 더욱 큰 관심의 대상이다. 분식회계로 파산한 엔론(Enron Corporation)과 2008년 서브 프라임 모기지 사태로 촉발된 금융위기 이후, 기업 윤리에 대한 미국 정부의 제재는 더욱 강해졌다. 더불어 이 사태를 야기한 큰 원인 중 하나인 영업직원의 비정도 영업 행태를 방관한 기업에 대한 처벌 또한 한층 높아졌다. 복잡해진 기업 환경은 다수의 반복 거래를 원하기 때문에 고객과 건강한 관계를 만드는 것이 필수적인 시대가 되었다.

　'윤리'는 영업 행동의 도덕적 원칙이자 표준이다. 영업은 실행이 중요한 행동과학이다. 영업 윤리는 행동이 중요한 영업의 특성상 어떤 기능보다 중요하게 다루어져야 한다.

한 번은 속아서 살 수 있지만…

아무리 훌륭해도 신뢰가 가지 않는 영업직원이 제안하는 고객가치는 고객에게 받아들여지지 않는다. 고객은 도덕적으로 공정하고 책임감 있는 영업직원을 신뢰한다. 영업직원의 신뢰감은 고객의 구매 의도를 높이고 미래에도 지속적으로 구매할 의지를 가지게 한다. 거짓말하는 영업직원을 믿고 물건을 사는 소비자도, 기업도 없다는 것은 상식이다. 거짓말하는 영업직원에게 한 번은 속아 살 수 있지만, 반복 구매는 당연히 불가하다. 영업의 목표는 한 번의 구매 유도가 아닌, 신뢰 관계를 바탕으로 한 단골 고객의 확보, 즉 반복 구매이다. 영업 윤리는 고객의 반복 구매를 위해 반드시 필요하다.

좋은 예를 하나 들어보자. 글로벌 제조업을 하는 기업의 영업직원이 있다. 이 기업은 공장장비의 부품을 만드는 회사인데 그 분야에서는 최고의 품질과 다양한 제품라인을 가지고 있다. 어느 날 중요 고객이 꽤 큰 수량의 한 부품을 납품해달라는 요청을 했다. 그런데 이 부품이 회사에 없었다. 시장에서 알아보니 경쟁 상대 기업의 제품이 고객의 니즈를 해결해줄 수 있었다. 이 영업직원과 회사는 많은 고민을 했다. 경쟁사 제품으로 고객의 니즈는 해결이 가능하지만, 만약 이를 통해 고객이 경쟁사와 본격적인 거래를 할 수도 있기 때문에 이를 고객에게 알려주는 것이 옳으냐에 관한 이슈였다. 결국 고객의 성공을 위해 이를 알려주었고 고객은 경쟁사와 큰 부품 계약을 맺었다. 회사의 걱정은 기우에 불과했다. 이후 경쟁사 제품을 알려준 회사의 진정성에 감동을 한 고객은 더 큰 프로젝트와 지속적인 반복 구매를 하게 된 것이다.

이처럼 영업 윤리는 고객의 지속적인 구매 결정과 밀접하게 연관되어 있다. 본연의 영업 활동의 목적을 달성하는 필수 요건이다. 영업 윤리에 벗어난 비정도 영업은 영업직원의 실패를 야기할 뿐만 아니라, 기업의 존폐에까지 영향을 미치는 거대한 위험 요소이다. 영업 주도 조직의 영업 윤리는 아무리 강조해도 지나치지 않은 가치이다.

영업직원의 영업 윤리 원칙

정도 영업이란 정도 및 윤리 경영을 포괄하는 개념이다. 재무, 회계, 기타 기업의 기능 등을 제외한 영업과 관련해 회사의 수익 혹은 기타 목적을 위해 비도덕적, 불법적 행위를 통해 영업을 하지 않는 것이다. 기업의 존폐에 악영향을 끼칠 수 있는 불법적이고 부도덕한 영업 행위를 예방 및 제거함으로써 기업의 지속가능성을 도모하고, 궁극적으로는 고객과의 신뢰를 바탕으로 지속 관계를 유지하기 위한 올바른 영업 행위이며 마음가짐이다.

영업직원의 정도 영업, 즉 영업 윤리는 고객과의 관계에서, 회사 내부와의 관계에서, 아울러 경쟁사와의 관계에서 지켜져야 한다. 정

도 영업, 즉 영업직원의 영업 윤리를 지키기 위한 행동 원칙을 살펴
보자.

고객과의 관계
- 고객에게 정직하고 진실해야 한다.
- 구매자와 판매자가 모두 혜택과 이익을 얻을 수 있도록 정확하
  게 제품과 서비스를 설명한다.
- 제품과 서비스와 관련해 고객의 목적과 가치를 얻을 수 있도록
  모든 관련 정보를 인지할 수 있도록 한다.

회사와의 관계
- 정당한 사업 목적을 위해 회사 자원을 사용한다.
- 회사에서 얻은 독점적 기밀 정보를 지키고 보호한다.
- 회사의 내규와 법적인 틀 안에서 프로세스를 지킨다.

시장에서 부딪히는 경쟁사와의 관계
- 경쟁사 정보는 법적이고 윤리적인 방법으로 취득한다.
- 경쟁사의 제품과 서비스에 대해 정직하고 신뢰할 방식으로만
  설명하고, 그것이 입증되었거나 입증할 수 있는 정확한 정보를
  반영한다.

고객과 회사와 경쟁사와의 소통 및 관계에서 위의 영업 윤리 기본을 지킨다면 정도 영업은 자연스레 실행된다. 고객과 시장은 신뢰 있는 영업직원과 기업을 믿고 거래한다. 비도덕적, 불법적 행위는 발생하지 않으며 고객과의 장기적인 신뢰 관계가 구축되고 유지될 것이다.

리버티뮤츄얼보험의
정도 영업

　미국 보험 업계는 오랫동안 사기성 판매 관행에 시달리고 있었다. 많은 영업직원이 비윤리적이고, 심지어 불법적인 판매 기법을 관행처럼 따르며 영업하고 있던 것이다. 영업의 목표를 달성하기 위해 수단을 가리지 않는 '비정도 영업'이다. 이러한 관행을 해결하기 위해서는 체계적이고 지속적인 윤리 교육에 대한 노력이 필요하다.

　대형 글로벌 보험 기업인 리버티뮤츄얼보험(Liberty Mutual Insurance)도 이러한 비정도 영업의 위험에 처해 있었다. 이를 적극적으로 해결하기 위해 영업직원이 윤리적인 행동을 하도록 여러 가지 정책과 절차를 기획하고 지속적으로 이를 실행하기로 했다. 윤리 정책 중 하나는 교육 정책이다. 모든 대리점 영업직원과 지원부서 직원의 영업 윤리 교육 과정을 자사 교육 관리자가 직접 수행했다. 자사 영업직원의 영업 윤리에 관한 학습 자료를 받고 시험을 봐야 했다.

리버티뮤츄얼보험은 회사의 높은 윤리 기준의 준수를 요구하고 기업의 진정성에 대한 평판을 만들어내기 위해 매일 고객 응대 직원에게 강조한다. 정직과 공정함, 이에 대한 헌신을 모두 따라야 한다고 정의되어 있는 그들의 영업 윤리 행동지침은 4가지로 정리되었다. 이 지침은 모든 영업직원과 대리점 영업직원이 이를 따르도록 되어 있다.

첫째, 실제 제품과 서비스의 장점을 판매한다. 진실하고 과장되지 않게 설명한다.

둘째, 계약, 제품, 서비스 및 투자 기회를 명확하고 정확하게 설명한다.

셋째, 약속을 지키고 모든 고객이 최고 품질의 서비스를 받을 수 있도록 한다.

넷째, 적용 가능한 절차를 철저히 준수한다. 상황이 확실하게 정리되지 않은 경우 해당 법률 부서에 문의해 자문을 받는다.

또한 리버티뮤츄얼보험은 생명 보험, 연금의 판매 및 서비스에 있어 높은 도덕적 기준을 장려하는 IMSA(Insurance Marketplace Standards Association)에 가입했다. IMSA에 가입한 기업은 IMSA의 높은 윤리적 비즈니스 행동 규범을 따라야 하는데, IMSA 비즈니스 행동 규범의 주요 항목은 영업직원으로 하여금 기업의 제품 및 서비스와 해당 정보를 윤리적인 방식으로 표현하는 기술을 가르친다.

　최고의 영업 조직을 만들기 위한 교육 측면의 투자에 있어서 정도 영업에 대한 교육은 아무리 강조해도 지나치지 않다. 비정도 영업은 영업주도 조직의 과락 항목이기 때문이다. 어느 산업이든, 어느 유형의 영업 형태이든 비정도 영업의 근절 및 윤리 영업에 대한 교육과 문화는 반드시 확립해야 한다.

2

'편법'은 조직을
병들게 할 뿐이다

　글로벌 기업의 핵심 가치에는 정도 및 윤리에 관한 내용이 항상 중요한 가치로 포함된다. 기업의 규모를 키우고 사업을 지속 가능하게 하기 위해 정도 및 윤리 경영은 필수이며 반드시 지켜야 할 강력한 가치인 것이다.

　〈포춘〉의 세계 100대 기업에 속했던 엔론이 분식회계로 파산하는 사례를 우리는 직접 보았고, 갑질 경영으로 위기에 빠진 국내 기업들이 고통을 감내하고 있는 것 또한 목격하고 있다. 대통령 탄핵까지 만들어낸 사건으로 전국경제인연합회가 존폐 위기를 맞고 있는 것만 보더라도 비윤리 경영에 대한 사회의 지탄이 기업과 기업의 단체까지 해체시키는 단계에 이른 것이다. 최근에는 이 이슈가 점차

중대하게 다루어지고 있다. 국내 소비자들의 의식 수준도 지속적으로 높아지고 있어 도덕성에 흠집이 간 기업에 대해서는 싸늘한 시선을 보낸다. 기업의 규모와 상관없이, 기업의 기본 가치인 기업의 윤리적 책임은 기업의 존폐를 논할 정도로 중요한 가치가 된 것이다.

하루아침에 모든 것을 무너뜨릴 수 있다

비정도 영업은 파는 방법, 판매 경로 등 정도 영업에 위반하는 것을 가리킨다. 매출 부풀리기, 밀어내기, 담합, 과도한 접대 및 뇌물을 포함한 부정, 내부 정보의 부정사용 등이 모두 비정도 영업에 포함된다. 이러한 비정도 영업에 대한 유혹은 목표 달성에 대한 성취욕이 강한 영업직원들에게 노출되어 있다. 이러한 유혹에 이끌리는 영업직원과 이를 알면서도 묵인하는 경영진이 비정도 영업을 만들어낸다.

저성장 시대, 무한경쟁 상황의 출현으로 인해 영업직원에게 있어 매출 등 목표에 대한 스트레스는 점차로 도를 넘어서고 있고 아울러 영업직원의 과한 승부사 의욕으로 인해 비정도 영업 행위들이 일어날 가능성이 있다. 이러한 비정도 영업은 영업직원과 기업의 성과를 하루아침에 몰락시킬 수 있으며, 브랜드 가치가 중요한 기업 입장에서는 존폐를 논할 정도의 악영향을 끼칠 수 있다.

또한, 비정도 영업은 기업의 생명과도 같은 고객에게까지 악영향을 끼칠 수 있음을 명심해야 한다. 어떤 순간에도, 어떤 유혹이 있더라도 정도 영업은 반드시 지켜져야 하는 것이다. 아무리 훌륭한 자원과 환경을 가진 기업이라도, 아무리 훌륭한 역량을 보유한 영업직원이라도 비정도 영업은 모든 것을 파괴할 수 있다.

글로벌 기업들은 일찍부터 정도 영업을 해야만 했다. 글로벌 기업의 경우 현지 지사장들이 분기 재무 목표를 달성하지 못하는 경우이에 대한 본사의 지시와 간섭이 꽤 강하다. 한두 분기 재무 목표를 달성 못했다고 지사장을 해임시키지는 않는다. 사업 환경과 극복 계획을 검토하고 어떻게 지원할 것인지를 함께 연구하며 독려한다. 이런 활동들이 지속적으로 진행이 잘 안되었을 경우에, 지사장을 교체하는 의사결정을 한다.

그러나 정도 영업에 위반되는 행위가 발견되었을 경우, 가차 없이 현지 경영진을 교체한다. 이는 과락 항목임과 동시에 이 건이 사고가 되었을 경우에 본사에 미치는 영향이 너무 크다는 것을 정확히 알기 때문이다. 글로벌 기업뿐만 아니라 국내 기업이 글로벌 증시에 상장되어 있는 경우, 단순한 유혹으로 인한 정도 경영을 위배할 때도 기업 브랜드와 신뢰에 심각한 악영향을 끼치는 것은 말할 필요조차 없다. 이것이 주가에 타격을 주어 기업의 가치에도 부정적 영향을 끼친다.

고객은 다 알고 떠난다

영업직원이 하는 비정도 영업, 윤리에 어긋나는 영업 행위는 영업 직원과 기업이 하는 행태이긴 하나 이는 고객이 느끼는 것이다. 고객이 느끼는 바르지 않은 영업 행태의 예를 몇 가지 살펴보도록 하자.

- 제품의 성능 과장하기

- 고객의 주문 요청을 받기 위해 예상보다 빠른 납기로 과장하기

- 경쟁 제품 비난하기

- 경쟁사의 영업 및 서비스 직원에 대해 비난하기

- 회사 경비 계정으로 개인 경비 사용하기

- 경쟁 업체에 부정적으로 반영될 루머 만들기

- 고객에게 큰 금액 할인율 제공하기 위해 가격 부풀리기

- 현재 매출을 위해 제품의 필요한 서비스 횟수나 제품 수량 줄여서 잘못된 정보를 고객에게 제공하기

- 제품에 대한 중요 사실을 알려주지 않고 숨기기

- 매출 목표를 채우기 위해 아직 필요하지 않은 제품 밀어내기

- 매출 목표를 채우기 위해 제품 밀어내는 것을 묵인하기(영업관리자)

- 구매 계약에 대한 대가로 뇌물 제공하기

- 매출 높이기 위해 뇌물 제공을 묵인하기(영업관리자)

이외에도 영업 윤리에 어긋나는 행동들은 훨씬 많을 것이다. 그리고 이러한 행태들이 일반적으로 시장에서 실행되고 있는 것도 사실이다. 고객이 비정도 영업임을 느끼는 순간 위험은 배가 된다. 믿음을 기반으로 한 고객과의 관계가 무너지는 순간, 시장 접점에서의 고객은 영업직원과 그 기업을 신뢰하지 않게 된다. 신뢰가 멈추면 고객은 영업직원의 고객가치를 받아들이지 않는다. 믿을 수 없는 사람과 기업의 제안을 검토하려고 하지 않는다. 필요한 가치를 거짓말쟁이에게서 들으려는 사람은 아무도 없을 것이기 때문이다. 비정도 영업을 느낀 고객은 지속적 관계를 유지하려고 하지 않는다. 고객이 그 영업직원과, 그 기업과 헤어질 준비를 할 것은 시간 문제다.

3

따뜻한 조직을
만들어라

프린스턴대 심리학과 교수 수잔 피스크(Susan Fiske)의 연구에 의하면, 인류는 지구에 출현한 이후부터 생성되어 진화한 유능함과 따뜻함에 대한 선호가 DNA에 잠재되어 있다. 인류는 원시시대에 부족을 이루고 살기 시작했다. 초창기의 인류는 군집해 사는 동물의 생활과 별반 다를 것이 없었다. 소규모 부족이 무리를 이루어 부족장의 지휘 아래 나름의 규칙을 가지고 생활했고 각 부족은 자신의 영역을 확보하고 있었으며 부족 간에 이 영역을 넓히기 위한 싸움이 끊이지 않았다. 가장 힘세고 똑똑한 부족장은 다른 남성들 위에 군림했고 부족 여성 모두를 거느렸다. 무소불위의 권력과 혜택을 누리는 반면에 다른 부족의 침입으로부터 부족을 지켜야 하는 강한 책무도 함께 가지고 있었다.

부족과 부족의 싸움으로 한 부족이 이기게 되면 점령한 부족장은 점령당한 부족의 부족장과 젊은 남성들을 없애고 그 부족의 여성을 취했다. 이러한 부족과 부족의 싸움은 계속되었다. 부족의 여성들은 전투가 끝날 때마다 새로운 부족장 즉, 남편이 바뀌는 상황을 맞닥 뜨렸고 이로 인해 현재의 부족장이 전쟁에 항상 이기기를 바랄 수밖에 없었다. 즉 유능함을 가진 부족장 아래에서 안정적인 삶을 원했던 것이다.

그런데 항상 싸움에 이겨 자신을 보호해줄 수 있는 부족장의 유능함만이 부족원 여성에게 충분한 조건은 아니었다. 새로운 부족장이 유능하긴 하지만 포악한 성격을 가져 자신에게 못되게 하거나 혹은 전 부족장의 후손인 자기 자식에게 해코지를 한다면 이는 꽤 큰 문제였다. 새로운 부족장은 유능함과 함께 따뜻함도 가지고 있어야 했다. 이렇듯 부족과 부족의 경쟁을 통한 인류의 진화는 부족원, 특히 여성과 어린이에게, 내 부족장이 유능함과 함께 따뜻함을 가지기를 바라는 DNA를 심어주었다.

유능함과 따뜻함을 겸비한 영업직원

수잔 피스크 교수는 이 연구를 기초로 마케팅학자 크리스 말론

(Chris Malone)과 공동으로 브랜드의 가치에 호소하는 유능함의 광고와 더불어 따뜻하고 올바른 브랜드와 기업 이미지를 강조하는 따뜻함의 광고가 소비자의 마음을 사로잡을 수 있다는 연구 결과를 냈다. 이를 《휴먼 브랜드(The Human Brand)》라는 책으로 집필했다. 제품과 연계되지 않는 기업의 따뜻한 이미지를 나타내는 광고가 한동안 유행했고, 지금도 매체를 통해 이런 류의 광고를 종종 볼 수 있다.

따뜻함의 가치는 인류의 DNA 속에 잠재해 마케팅 활동에 큰 영향을 미쳤다. 이는 영업에 있어서도 같다. 영업은 사회과학의 한 분야이다. 인간의 심리와 소통을 기반으로 시작되고 완성된다. 유능한 영업직원만으로 고객은 만족하지 않는다. 따뜻한 영업직원의 역량이 고객과의 신뢰를 완성시킬 수 있는 것이다. 좋은 제품을 파는 과일 가게의 주인이 평상시에 못된 성격과 잘못된 행실을 보인다면 그 가게에서 과일을 살까? 제품과 솔루션을 파는 영업직원이 내 맘에 꼭 드는 제안을 하고 납기를 맞추고 유지보수도 불편하지 않게 잘해주기는 하는데, 사심이 있어 보인다면 불안해서 그 직원과 거래를 지속할 수 있을까?

얼마 전 영업 전선에서 열심히 살아가고 있는 후배를 만났다. 그는 영업 경력이 15년 정도 된 베테랑 영업직원으로 회사에 큰 기여를 하고 있으며 이 분야에서 성공하겠다는 강한 의지를 가지고 있는 사람이었다.

"교수님, 15년 정도 되니 영업에 관해 뭔가 조금 알 것 같은데요.

고객가치도 중요하고 신뢰를 바탕으로 한 관계도 중요하고, 승부사 정신도 중요한데, 요즘 보니 퇴직하고도 고객이 계속해서 찾는 선배님들은 하나같이 착하신 분들이더라고요. 바르고 따뜻하게 영업하는 사람을 고객도 챙기는 것 같아요. 영업 잘하는 것도 중요하지만 올바르게 하는 것이 더 중요한 것 같습니다!"

영업은 상호작용이다. 고객은 유능한 영업직원을 좋아한다. 고객의 니즈를 정확히 파악하고 고객에게 가치를 제공하기 때문이다. 그런데 유능한 영업직원이 올바르지 않고 착하지 않다면 고객이 신뢰할 수 있을까? 따뜻하고 올바른 영업이 잘 하는 영업과 합쳐질 때 강하고 진정한 영업이 될 수 있다. 영업주도 조직은 유능함과 따뜻함을 겸비한 구성원이 다수를 차지하고 이들이 진정한 영업주도 조직을 만든다.

따뜻한 리더가 고성과 영업 조직을 만든다

저성장과 무한경쟁의 최근의 기업 환경은 영업관리에 있어 시장에 순간적으로 대응적이고 유동성을 갖춘 리더를 요구하고 있다. 기존의 관료적인 위계질서가 아닌 서번트 리더에 대한 기대가 커지고 있는 것이다. 관리자보다 리더를 원하는 환경으로 변화되었고 영업조직도 이 변화에 맞추어가고 있다.

AT&T 중역 출신의 로버트 그린리프(Robert K. Greenleaf)는 1964년 퇴직한 이후 리더십에 관한 연구에 평생을 바친 사람이다. 그는 서번트 리더십의 의미와 중요성을 강조했는데 서번트 리더의 특징을 아래 5가지로 개념화했다.

첫째, 서번트 리더는 부하직원의 업무를 진지하게 여기고 사람이 업무보다 먼저라고 생각한다.

둘째, 서번트 리더는 부하직원의 이야기를 경청하고 그들의 의견을 따르려고 노력한다. 왜냐하면 고객과 일하는 사람들이야말로 고객이 원하는 바에 대한 대답을 가지고 있다고 믿기 때문이다.

셋째, 서번트 리더는 신뢰를 쌓으려고 노력하며 항상 부하직원의 의견을 열린 마음으로 받아들인다.

넷째, 서번트 리더는 자기를 내세우지 않고 부하직원들에게 보상과 칭찬을 하려고 한다.

다섯째, 서번트 리더는 자신을 직원을 섬기는 사람이라고 생각해, 대화를 통해 비전이 공유되고 직원들 스스로 인지하게 한다.

큰형 같은 일선 영업관리자는 즐거운 영업팀을 만들고 고성과 영업 조직의 문화를 창출한다. 내가 영업 현장에서 실무 영업을 한창할 무렵 만났던 큰형 같은 일선 영업관리자는 함께 부서에 있는 것만으로도 즐거운 사람이었다. 걸음걸이마저 따라할 정도였다. 물론 나만 그런 것이 아니라, 그 당시 팀의 동료들은 모두 같은 마음이었다. 그 관리자의 특징은 팀원들의 이야기를 잘 들어주고 즐겁게 해주는 것이었다. 따뜻한 리더, 서번트 리더였다.

　마케팅학자인 로버트 러셀(Robert F. Russell)과 페르난도 자라밀로 (Fernando Jaramillo) 교수는 그들의 연구에서, 서번트 리더는 개인의 정직과 진실성에 의해 만들어지고 정도 영업에 기반을 둔 서번트 리더십은 영업직원의 고객지향 영업에 영향을 미쳐 성과를 창출한다고 했다. 따뜻한 리더십을 갖춘 서번트 리더가 고성과 영업 조직을 만드는 것이다.

미국마케팅협회의
윤리 행동 지침

기업의 윤리 문화를 만들고 유지하기 위해서는 장기적인 계획을 세우고 이를 지속적으로 수행해야 한다. 경영진의 솔선수범을 바탕으로 오랜 시간의 노력이 필요한 것이다. 오래되고 성공한 기업들은 윤리 문화를 확립하기 위해 공식화된 윤리행동 지침을 만들어 공표한다. 기업의 가치에 윤리 경영을 포함시키고 행동 지침까지 만들어 직원들이 보고 듣고 따르게 하는 것이다.

1970년대 중반 이후, 미국에서는 기업과 소비자 고객에게 과도한 뇌물성 선물 제공이 심각한 문제가 되었다. 그즈음 미국 기업들은 성문화된 영업 윤리 행동 지침(Code of Ethics)을 만들기 시작했고, 이것이 현재 조직 문화로 자리매김하고 있다. 이 지침이 영업직원을 포함한 종업원들의 의사결정 과정에 직접적이고 긍정적인 영향을 끼친 것이다.

성문화된 윤리 행동 지침은 직원들에게 가이드라인을 제공하고, 기업의 임원진도 비윤리적 행동에 노출될 가능성 있는 고객과 정부기관에 양해를 구할 수 있는 빌미를 만들어주는 긍정적인 역할을 했다.

우리나라도 지금은 많은 기업들이 윤리 행동 지침을 만들어 이를 실행하고 있다. 미국마케팅협회(AMA)의 윤리 행동 지침에 관해 살펴보고 우리가 참고할 수 있는 부분을 고민해보자.

전문가적인 행위

- 고의로 해를 끼치지 말라(직업 윤리의 기본)
- 모든 적용 가능한 법률 및 규정을 준수하라
- 정확한 교육, 훈련, 경험을 기초로 행동하라
- 이 윤리 지침을 적극적으로 지원하고 실행하고 홍보하라

정직성과 공정성

- 소비자, 고객, 직원, 공급업체, 채널과 일반인에게 정직해라
- 관련 당사자들에게 사전 공지 없이 의도적으로 이해 상충관계에 가담하지 말라
- 고객과 파트너 사이에 법적 보상의 지급이나 수령 등을 공평하게 일정대로 진행하라

고객과의 관계에서 권리와 의무

- 고객으로 하여금 제품이나 서비스가 고객의 니즈에 맞게 제공될
  것이라는 확신을 가지게 행동하라
- 고객으로 하여금 제공되는 제품이나 서비스를 속이는 것이 아니
  라는 확신을 가지게 행동하라
- 공정하게 고객의 불만과 고충을 해결하기 위한 적절한 내부 프
  로세스가 존재한다는 확신을 고객이 가지게 하라

우리나라보다 오래 전에 먼저 저성장으로 인한 영업의 중요성을
경험하고, 이에 대한 다양한 준비를 한 미국은 영업 윤리에 있어서
도 여러 가지 프로세스를 겪고 만들어왔다. 미국마케팅협회의 윤리
행동지침 또한 영업직원 및 기업을 위한 기본 개념이다. 이를 우리
나라의 법과, 사회 및 기업 문화를 고려해 우리의 영업 윤리 행동 지
침을 만들어보는 것이 필요하다.

PART 6

'오늘이 마지막'
이라는 생각은
틀렸다

고객 제일주의

Supporting Customer
Orientation

"노 과장! 왜 이번 주간 영업 미팅에 빠졌어?"

"부장님, 말씀 드렸지만 고객과 약속이 마침 그때라서 어쩔 수 없었습니다."

"꼭 그때 만났어야 하나? 다른 날로 잡았으면 됐잖아? 나하고 하는 회의보다 고객 미팅이 더 중요한가보네?"

보스가 이런 식으로 말한다면, 차후에 영업직원이 고객 미팅을 제대로 잡을 수 있을까? 매번 보스와의 일정이 최우선이고, 고객은 그다음이 될 것이다. 영업 중심 조직이라면, 도저히 있을 수 없는 얘기이다.

모든 것에서 고객이 최우선시 되는 '고객 제일주의' 문화를 만들어야 한다. 물론 영업직원이 보스와 미팅하기 싫어 만든 핑계일 수도 있다. 그렇다 해도, 이런 식의 추궁을 하지 않는 것이 좋다. 모든 순위에서 고객이 최상위에 있다는 것을 항시 강조하며, 고객 제일주의 문화를 만들어야 한다. 보스와의 미팅뿐만 아니라 회사 내의 모든 부서가 고객을 최우선으로 하는 정신을 가져야 한다. CEO가 이를 강하게 지원하여 문화로 자리 잡도록 해야 한다.

1

영업이 주도하고
고객은 중심에 있다

    영업 조직의 유형은 제공하는 제품과 서비스의 복잡성, 고객 니즈의 상이도, 전문성의 정도 등에 따라 다양하게 분류할 수 있으나 일반적으로 '지역 중심' 영업 조직, '제품 중심' 영업 조직, '기능 중심' 영업 조직, '고객(시장) 중심' 영업 조직으로 나뉜다.

지역 중심 영업 조직

    제품과 서비스가 단순하고 고객의 니즈도 거의 다르지 않은 경우에 주로 사용되는 영업 조직이다. 이 영업 조직은 지역 외에 다른 기준으로 구분할 필요가 없다. 제품이 단순해 영업직원이 이해하기 쉽고 고객도 별반 다른 요구를 하지 않는다. 전국 혹은 전 세계를 지역

별로 구분하기 때문에 고객과 접점 시간이 상대적으로 많고, 고객 이동 시간도 적다. 단순한 소비재 상품의 영업 조직이 이에 해당한다. 반면에 고객이 본사와 지점으로 나누어져 있는 경우 본사 담당 영업직원과 지점 담당 영업직원이 상이해 실적 평가에 있어 상호 협조가 어려운 단점이 나타날 수 있다.

제품 중심 영업 조직

제품 중심 영업 조직은 취급하는 제품과 서비스가 복잡하고 다양한 라인을 가지고 있되, 고객의 니즈는 거의 다르지 않은 경우에 운영할 수 있는 영업 조직이다. 제품에 대한 전문성이 무엇보다 필요한 영업 프로세스에 적용되나, 고객의 니즈가 산업별 혹은 개인별로 상이할 때는 적용하기 쉽지 않아 최근에는 중요성이 감소하고 있다. 기업고객이든 개인고객이든 고객의 니즈가 다양해지고 있는 최근의 트랜드를 반영할 때, 기업 측면에서 관리하기 쉬운 조직이지만 고객 측면에서는 원하는 것을 얻기 어려운 조직이다. 특히 대형 고객의 경우 기업의 다양한 제품을 구매하려고 할 때, 제품마다 같은 회사의 다른 영업직원과 접촉을 해야 해서 불편하다. 영업직원은 자신의 제품 라인이 아닌 영업 기회에 관해서는 고객의 요청이나 영업 기회 발굴을 하지 않으려 하기 때문에 경쟁에 취약하고 1인당 생산성이 떨어지는 비효율을 초래할 수 있다.

기능 중심 영업 조직

대부분의 영업 환경에서는 여러 가지 영업 기능이 실행된다. 예를 들면 영업 기회를 발굴해 가망고객을 찾아내고 제품과 서비스가 인도되는 것을 확인하는 것은 텔레마케팅 기능으로 이루어지고, 계약하고 매출을 일으키는 것은 현장 영업직원의 기능으로 실행된다. 기능 중심 영업 조직은 이렇듯 한 영업 기회를 기능별로 나누어 수행하는 것을 말한다. 기능 중심의 영업 조직은 고객 입장이 아닌, 판매 기업 입장에서 진행하는 효율성을 중요시한다. 그러나 영업 기회를 효율적으로 관리하기는 어려운 조직이기 때문에 시장 전체를 바라보는 조직이 아닌 특정 분야를 타깃으로 하는 한시적인 영업 조직의 경우에 사용된다. 아파트 분양 영업의 경우 한시적이기 때문에 가망고객을 발굴하는 텔레마케팅 영업과, 가망고객을 계약까지 이끌어내는 현장 영업을 기능별로 구분해 운영하기도 한다.

고객(시장) 중심 영업 조직

최근 중요하게 받아들여지고 있는 영업 조직이다. 제품과 서비스를 구매하는 당사자는 고객이다. 고객의 요구와 니즈를 파악하고 이를 바탕하고 고객가치를 제공하기 위해서는 고객 및 고객 산업에 대한 전문성을 바탕으로 고객 중심 영업 조직을 운영할 수 있다. 판매 기업의 제품과 서비스에 대한 지식보다 고객의 산업 혹은 고객의 마음에 대한 지식을 앎으로써 시장에서 생존하는 영업 조직이다. 최근에는 고객과 시장의 환경 변화가 빠르게 진행되기 때문에, 약간의 비효율성이 있더라고 고객 중심 영업 조직을 운영할 경우 시장의 변화에 신속하게 대응할 수 있다. 고객과의 장기적인 관계를 형성할 수 있어 신뢰를 바탕으로 기업이 성장할 수 있는 장점을 가지고 있다.

영업 조직은 기업의 규모, 시장환경, 제품의 특성 등에 따라 위의 4가지 영업 조직 중 하나를 적용하기도 하고, 4가지 영업 조직을 적절하게 배합해 운영하기도 하나, 기본적으로 영업주도 조직은 항상 고객을 우선시하는 고객 중심 조직을 염두에 두고 이를 구축해야 한다. 고객 중심 조직을 적용하기에는 기업의 규모가 작거나 타깃 시장의 범위가 넓지 않을 경우에도, 고객의 니즈와 문제를 파악할 수 있는 부차적인 기능을 영업 조직의 평가지표에 추가하는 방법으로 고객 중심 조직의 의미를 갖게 할 수 있다.

모든 고객을 단골처럼 대하라

앞서 논의한 영업 조직의 4가지 중 가장 많이 적용되는 형태는 제품 중심 조직과 고객 중심 조직이다. 기업이 취급하는 제품의 브랜드 가치가 높고 시장점유율이 클 경우, 기업 내에서 그 제품의 비중이 높을 경우, 제품 조직의 수장은 제품 중심 영업 조직을 주장한다.

영업직원이 제품에 대한 전문지식을 가져야 함을 강조한다. 고객의 니즈가 산업별로 혹은 고객별로 상이한 경우에는, 제품 조직 내에 고객별 혹은 산업별 조직을 가져가기까지 한다. 예를 들면 삼성전자 스마트폰을 취급하는 사업부의 경우 사업부 내에 고객별, 산업별 영업 조직을 직접 실행하고 있다. 대기업의 경우, 한 제품 브랜드에 고객별 조직을 운영하는 경우가 종종 있다.

영업주도 조직은 고객을 최우선으로 한다. 제품 중심 조직은 고객을 우선으로 한 조직이 아니다. 물론 조직 내에 산업별 조직을 두어 고객의 니즈를 파악한다고 하나 실제로 고객 입장에서 보면 판매 기업의 제품이 한 종류인 경우가 아니면, 판매기업의 다른 제품을 살려고 할 때 다른 영업직원을 접촉해야 한다. 고객의 니즈가 제품 구매만이 아닌 새로운 문제 제기 혹은 새로운 방향에 대한 제언일 경우 제품 중심 영업 조직은 고객을 만족시킬 수 없다. 고객의 문제를 해결함으로써 고객가치를 제공하는 것이 고객 최우선의 영업주도 조직의 미션임을 감안할 때, 제품 중심 영업 조직은 영업주도 조직으로서 이 부분에 관한 보완이 필요하다.

고객에게 '솔루션'을 제공하는 것과 '제품'을 제공하는 것의 차이를 영어 어원 측면에서 분석해보자. 먼저 'Solution'은 동사 'Solve'에서 파생되었다. 'Product'은 동사 'Produce'에서 파생되었다. Solve를 영영사전에서 찾아보면 'To find an answer to a problem' 'To solve a problem' 'To solve a mystery/puzzle'이라

고 되어있다. '문제에 대한 답을 찾다.' '문제를 해결하다.' '미스터리/퍼즐을 풀다.'라는 의미이다. Produce를 영영사전에서 찾아보면 'To make something or bring something into existence'라고 되어 있다. '무엇인가를 만들고 가져와서 존재하게 하다.'이다. Produce의 목적어는 무엇인가(Something)이고, Solve의 목적어는 누군가(Someone)의 문제이고 퍼즐인 것이다. Solve의 목적어이자 Solution의 목적어는 영업 측면에서는 '고객'이고 Produce의 목적어는 '제품'이다.

솔루션은 고객으로부터 시작되는 것이다. 영업 행위는 고객에게 솔루션을 찾아주는 것이다. 영업주도 조직은 고객의 문제를 해결해주는 솔루션(제품)을 찾아주기 위한 고객 중심 조직으로 가야 한다.

고객 중심 영업 조직의 사례를 살펴보자. 삼성전자가 미래 성장사업으로 B2B사업을 처음 시도할 때 이야기이다. 나는 외국계 기업에서 기업고객 영업을 성공적으로 수행한 후 삼성전자로 옮겨 B2B사업 전략을 수립하는 TF를 맡았다. 전략 수립 과정에서 제품 중심 영업 조직 모델로는 B2B사업의 궁극적인 목적인 고객가치 제공을 충족하기 미흡하다는 걸 깨달았다. 삼성전자는 기존 대부분의 사업이 B2C 중심이었고, B2C영업 조직은 제품 중심 영업 조직이었다. TV 제품 사업부는 TV를 개발해서 시장에 제품 영업 조직을 통해 영업했고, 에어컨제품 사업부와 핸드폰제품 사업부도 마찬가지였다. 제품 지식에 대한 전문성이 필요했고 고객의 요구는 크게 다른 것이 없었기 때문에 제품 중심 영업 조직이 적합했다.

그러나 새로 시작할 B2B사업은 고객의 가치를 제공해야 했다. 삼성전자가 가지고 있는 모든 제품을 고객의 니즈에 따라 맞춤형, 통합형으로 영업해야 했기 때문이다. 고객의 산업과 고객의 니즈가 다양했고 이를 맞추기 위해 고객 중심 조직 운영이 필요했다. 예를 들면 호텔을 건설하려 했던 건설기업에게 호텔 가치를 높이기 위해서는 호텔에 설치될 삼성전자의 모든 제품과 통합방재 시스템, 빌딩관리 시스템을 제안해야 하는데 제품 조직만으로는 수많은 영업직원이 각기 건설기업에 제안을 하고 고객이 제품별로 검토해 구매해야 하는 불편함과 비효율이 생기는 것이다.

경영진은 고객 중심 영업 조직의 필요성을 깨닫고 TF의 제언을 받아들였으나 고객 중심의 영업 조직이 완성되기까지는 3년 정도의 시간이 걸렸다. 제품 중심 영업 조직과 고객 중심 영업 조직 중 어느 조직이 더 효율적이냐는 조직의 주요 판매 제품, 조직의 문화 등 환경에 따라 다를 수 있다. 단, 어느 경우에든 고객이 최우선이 되고 고객가치를 제공하기 위해 어떤 영업 조직이 필요한가를 고민해야 한다.

기업의 규모와 제품이 복잡해지면 지역 중심 영업 조직과 제품 중심 영업 조직, 고객 중심 영업 조직을 혼합해 쓰기도 한다. 최근 글로벌 영업기업은 '글로벌 어카운트(Global Account)'라는 제도를 시행하고 있다. 기업의 수익측면에 큰 기여를 하는 고객을 지역, 제품과 상관없이 본사의 한 조직에서 지원하는 것이다. 구글의 '도요타 자동차 글로벌 어카운트'를 예로 들 수 있다. 글로벌 어카운트는 그 매출의 규모에 따라 본사 부사장이나 수석 부사장이 전체를 책임진다. 그 조직에는 영업팀, 컨설팅팀, 제안팀, 유지보수팀과 심지어 인사팀 및 재무팀까지 있다. 그 안에서 지역에 상관없이 전 세계 도요타 자동차를 지원하고 아울러 전체 매출액을 기초로 지원 프로그램(컨설팅 지원, 사후유지보수 지원, 금융 오퍼링 등)을 적용한다. 도요타 자동차의 전사적인 전략과 연계된 지원 활동들을 수행하기 때문에 고객사인 도요타 자동차도 이 기업에 더 의존할 수밖에 없다. 서로 상승작용이 발생하는 것이다. 제품 중심 영업 조직을 기반으로 지역 중심, 고객 중심 영업 조직을 함께 운영한 경우다.

얼마 전 미국의 소프트웨어 제조회사인 오라클(Oracle)의 고위 임원과 대화를 나눈 적이 있다. 오라클은 전통적으로 데이터베이스 소프트웨어의 시장점유율이 높고 회사 내에 이 소프트웨어 사업부의 매출 비중이 높기 때문에 전형적인 제품 중심 영업 조직으로 운영되어 왔다. 그런데 최근 직접 구매에서 클라우드 형태의 월 임대 계약 시장으로 변화하면서 데이터베이스 외의 제품 사업에 대한 회사의 투자가 높아졌다. 고객 입장에서 가치를 보는 영업직원이 필요하다는 주장이 거세지면서 주요 대형 고객을 따로 묶어 전 제품을 영업하는 고객 중심 영업 조직이 생겼다. 이 조직에 대한 투자가 지속적으로 증가하고 있다고 한다. 제품 중심 조직 기반에 고객 중심 영업 조직을 적용한 것이다.

"고객은 왕이다."라는 말이 있다. 고객은 누구나 자기만 집중적으로 케어받기를 바란다는 의미일 것이다. 고객가치 제공 중의 하나는 그 고객만을 케어한다는 느낌을 받게 하는 것이다. 단골 영업이다. 단골 고객에게는 그들만을 위한 서비스를 제공해야 한다. 그 고객만의 전담 AS직원, 그 고객만을 위한 전담 컨설턴트, 심지어 그 고객만의 영업직원까지도 필요하다. 전담 영업직원을 원하는 고객은 그 기업을 떠나지 않을 것이다. 구매는 논리적인 사고를 바탕으로 하기 때문에 고객에게 자기만의 무언가를 원하는 것은 단골이 되겠다는 의미로 보아도 좋다. 영업주도 조직은 고객 중심 조직이다. 다양한 영업 조직을 운영하되, 중요한 것은 모든 고객을 단골고객처럼 대하며 가치를 제공하는 고객 중심 조직이 되어야 한다.

2

시장은 '놀이터'이자 '공장'이다

　고객을 최우선으로 하는 조직, 고객과의 미팅이 회사 사장님과 하는 미팅보다 우선인 조직, 고객의 마음과 고객의 비즈니스에 관한 교육이 먼저인 조직이 고객 중심으로 운영되는 조직이다. 영업주도 조직은 고객이 제일이고 고객이 최우선인 조직이다. 고객을 우선시하는 조직의 영업직원은 고객과 보내는 시간이 제일 많아야 한다. 회사는 영업직원이 고객과 함께 시간을 보내도록, 고객 접점 시간을 늘릴 수 있도록 도와주어야 한다. 고객 관계를 유지하는 것은 관심과 정성이고 고객 접점 시간을 늘리는 것이 곧 정성에 해당된다.

시장에서 놀게 하라

회사는 영업직원이 고객 접점 시간을 늘릴 수 있도록, 회사 내부의 관리 업무를 줄일 수 있도록, 끊임없이 노력해야 한다. 영업 업무는 기본적으로 관리 업무가 많아질 수밖에 없다. 고객을 제대로 지원하기 위해서는 회사 내부에서 해야 할 일들이 많기 때문이다. 고객 주문서를 받아 입력하고 이를 주문 부서에 넘겨야 하고, 고객이 불만을 제기하면 담당 부서와 협의해야 하고, 고객이 사후 서비스에 관해 요구하면 엔지니어 부서에게 시스템으로 요구해야 한다. 여기에 고객의 니즈를 파악하고 이에 대한 해결책을 제시해야 하는데, 어느 기업의 영업직원도 이를 혼자 할 수는 없다. 복잡해지고 경쟁이 심해진 시장환경에서 고객을 감동시킬 제안은 다양한 부서의 협업을 필요로 하고, 이를 오케스트라 지휘자인 영업직원이 끌어야 한다.

이렇듯 내부 지원과 협업을 통한 일들이 점점 많아지기 때문에 내부 워크로드는 점점 증가하게 되어 있다. 따라서 회사는 내부 관리 업무를 줄이는 활동을 지속적으로 실행하고, 어쩔 수 없는 내부 워크로드는 내부 관리 업무를 전담할 직원으로 대체해 영업직원과 그 직원의 협업으로 처리하게 해야 한다.

영업직원은 고객 접점을 늘리기 위해 담당하는 모든 고객을 자주 만나야 하는데, 시간적으로 쉽지 않다. 직접 접점과 간접 접점을 적절히 조합해 운영하는 것이 효과적이다. 고객 리스트를 만든 후, 협력회사(대리점)를 적절히 이용해 직접 만날 고객과 대리점을 통해 간접 관리할 고객을 구분해야 한다. 단, 여기서 명심해야 할 것은 협력사를 통해 간접적으로 접촉하는 고객일지라도 정기적으로 직접 만나 상황을 파악해야 한다.

한편, 기업영업의 특성상 다양한 부서의 의사결정자와 이해관계자가 존재하기 때문에 내 고객 방문 할당 시간을 계획해놓고 구매부서, 현업부서와 시장의 협력 파트너와의 접점 시간을 늘려가는 것이 바람직하다.

구매 전문가도 자신의 경력관리를 위해 타 부서로 잠시 가는 경우도 있다. 이때가 기회이다. 구매의사 결정에서 벗어난 고객, 즉 구매부서에서 한직으로 잠시 발령이 난 고객은 반드시 찾아가 만나야 한다. "눈에서 멀어지면 마음마저 멀어 진다."는 말처럼 잠시 떠난 고객과 영업직원은 멀어지는 경우가 많다.

IT기획 부서에 오래 근무하다 잠시 지점으로 간 고객이 있었다. 나는 반기에 한 번 정도 이 고객의 지점으로 가서 식사를 했다. 왜냐하면 전문성이 있는 고객은 반드시 구매 부서로 다시 돌아온다는 것을 알기 때문이었다. 식사를 하러 가면 그 고객은 너무 좋아했고 항상 자신의 지갑을 열어 간단히 설렁탕과 소주를 사주었다. 대부분의 영업직원은 찾아가서 식사를 해야겠다고 생각만 하지, 실제로 행동에 옮기는 사람은 많지 않다. 몇 번 지점에 가서 식사를 한 후, 그는 중요 구매의사 결정자로 돌아왔고 한직에 있을 동안에 자신을 찾아온 나를 잊지 않고 지원해주었다. 고객이 돌아온 지 얼마 후 내게 한 말이다.

"내가 구매 부서를 떠나니까 한 번도 안 오더니 다시 중요 보직으로 돌아오니 저렇게 자주들 찾아오네요. 너무 속이 보여요. 내가 어떻게 저들을 믿을 수 있겠어요?"

회사는 영업직원이 고객과 고객 사무실뿐만이 아닌 다양한 시장에서 놀 수 있도록 적절한 지원을 해야 한다. 아무리 숙련되고 오래된 영업직원도 일주일만 고객을 만나지 않으면 고객에게 가고 싶지 않게 된다. 그만큼 가까운 고객도 내가 설득해야 하는, 내가 만족시켜야 하는 대상인 것이다. 따라서 고객 접점 시간을 늘리기 위한 한 방법으로 고객과의 만남을 습관화하고 정기적으로 방문하는 것이 좋다. 예를 들어 매일 오후는 고객 방문 시간으로 지키거나 매주 3번은 점심을 고객과 먹고 3번은 저녁을 고객과 먹는다는 계획을 세워놓고 추진하는 방법도 좋다.

회사는 영업직원이 고객을 자주 방문할 수 있도록 내부 업무를 줄여주고 모바일 앱을 이용해 회사에 들어올 필요 없이 내부 지원 업무를 밖에서 간단히 볼 수 있게 해야 한다. 내부에서 할 수 있는 지원 업무는 전담자를 정해 영업직원이 전화 한 통화로 해결할 수 있도록 해야 한다. 최근에는 고객관계 관리 툴이 자동화되어 모바일상에서 간단한 조치로 모든 업무를 수행할 수 있게 바뀌고 있다. 회사는 이에 대한 투자로 정보를 공유하고 영업직원의 고객 접점 시간을 늘릴 수 있도록 해주어야 한다.

아울러 회사 중역과 경영진은 고객과 시간을 보내는 것이 어렵고 힘들다는 것을 이해하고, 이를 수행하는 영업직원의 사기를 높이는 일에도 투자해야 한다.

"내가 이렇게까지 자동화해주고 허드렛일을 줄여주는 일을 지속적으로 하고 있는데 왜 고객 접점 시간도 안 늘리고 매출도 늘지 않아? 빨리 나가서 돈 벌어와!"라고 이야기하는 리더보다는 "힘들지! 내가 안에서 하는 일은 최대한 줄여줄 테니 시장에 나가서 고객과 놀아. 그러다 보면 시장에서 기회가 보일 것이고 그중에 괜찮은 영업 기회를 잘 골라 회사에 기여해줘."라고 이야기하는 형님 같은 리더를 보고 영업직원은 최선을 다할 것이다.

'식구'가 되도록 도와줘라

식구는 '끼니를 같이 하는 사람'이다. "내 남편과는 말이 통하지 않아." 혹은 "내 집사람이랑 이야기가 안 돼." 혹은 "우리 아들이 나하고 이야기도 안 하고 방에만 틀어 박혀 있어. 고등학생인데 무슨 생각을 하고 있는지…!" 우리가 일상에서, 주위에서 많이 듣는 이야기다. 식구인데 소통이 없는 것이다. 당사자는 이해가 안 된다고 한다.

그런데 대부분의 경우 밥을 같이 안 먹는 사이일 때 이런 불통이 일어나는 것 같다. 평상시에 함께 밥상머리에서 식사를 하며 식구라는 동질감을 확인해야 하는데, 바쁘다는 핑계로 시간이 안 맞는다는 이유로 함께 식사를 하지 않는다. 식구가 아닌 것이다. 가족이지만 식구가 아니기 때문에 소통이 안 되는 것이다. 뭔가 서로에게 문제가 있을 경우에만 이야기를 하려고 한다. 성적이 떨어졌다든가, 남편에게 강한 불만을 표기할 때라든가…, 평상시에 식구라는 의식을 심어놓은 상태에서는 문제에 대한 대화가 가능하지만, 식사도 안 하면서 식구인 척하는 가족은 서로를 받아들이기 쉽지 않다.

고객 관계도 마찬가지이다. 영업 기회가 생겼을 때가 아니라, 평상시에 식사를 해서 신뢰를 쌓아 놓고 중요한 거래가 생겼을 때 도움을 요청하든 문제를 해결하든 할 수 있는 것이다.

물론 모든 유형의 고객과 식사하라는 것도 아니고 할 수도 없다. 떡볶이 집 단골과 밥을 먹는 떡볶이 주인은 있을 수 없다. 고객의 유형, 고객의 구매 단위 등에 따라 달라진다. 강조하고 싶은 것은 얼굴을 보고 자주 만나야 한다는 것이다. 어느 유형의 고객이든 자주 보아야 한다.

만나는 고객 접점의 정도는 차를 함께 마시는 것, 아침 혹은 점심을 먹는 것, 저녁을 먹는 것이 좋다. 가장 좋은 것은 운동이나 취미를 함께하는 것이다. 주 단위로 고객 접점 횟수와 방법을 적절히 혼합해 계획하고, 매주 스스로 평가하면 습관화 될 수 있다. 고객 접점 시간을 늘리는 것은 습관이다.

기업고객 영업과 프라이빗 뱅킹 혹은 보험 영업과 같은 자문적 영업, 관계적 영업은 고객 접점 시간을 차와 식사 혹은 운동과 같은 활동을 통하면 더 의미가 있다. 거래 규모가 큰 영업 혹은 지속적, 반복적으로 발생하는 영업은 식구가 돼야 한다.

접대를 통한 방법도 있다. 접대라는 용어는 사회적으로 썩 훌륭한 단어는 아니다. 술 상무, 비정상적 거래, 비굴함 등 별로 좋지 않은 것들이 연상된다. 그러나 바람직한 접대는 그렇지 않다. 적절한 금액의, 적당한 방법의 접대는 식구를 만들어주고 고객과 신뢰를 쌓게하는 좋은 툴이다. 접대는 동양 특히, 한국, 일본, 중국 등에서만 일어난다고 생각하지만 실제로 내 미국인 보스는 점심 접대와 테니스, 골프, 낚시 등의 스포츠 접대, 와인 등의 술 접대까지 다양하게 하고 있다. 식사 접대와 파티 등의 초대가 일상적이라고 한다. 접대는 식구가 되기 위한, 동서양을 막론한 고객 접점 방법이다.

재미있는 것은 미국에서 접대에 관한 논문이 다양하게 발표되고 있다는 사실이다. 1970년대에부터 접대에 관해 연구되어 오고 있는데 접대의 유형에 관한 연구, 점심 미팅의 효과에 관한 연구, 음주와 영업의 효과와 폐해 등 다양하다. 2015년에 발표된 마이클 로드리게즈(Michael Rodriguez) 교수의 논문에서는 접대가 영업 성과에 긍정적 영향을 준다는 가설이 증명됐다. 다만 과음과 과도한 비용 지출 등 부정적인 결과를 최소화하는 노력을 회사와 관리자가 기울여야 한다는 것도 포함했다.

정상적이고 과하지 않는 접대는 고객과 시간을 늘리고 신뢰를 쌓게 하기 위해 필요하다. 경영진은 접대의 긍정적인 면을 고려해 적당한 기준의 접대 비용과 접대 방법의 가이드라인을 제공해 영업직원의 신뢰 쌓기를 도와주어야 한다.

3

영업과 마케팅은
왜 충돌하는가

　영업의 정의는 '영리를 목적으로 하는 사업 또는 행위'이다. 일반적으로 '고객에게 제품, 서비스, 아이디어를 구매하도록 설득하거나 확신을 주는 행위와 프로세스', '고객에게 제품과 서비스를 판매하는 것', '고객을 창조하는 것', '고객의 피드백을 전달하는 것', '고객에게 가치를 제공하는 것' 등 고객을 위해 무엇인가를 하는 것이 영업이다. 실무적인 견지에서 영업의 정의는 '고객에게 가치를 제공하는 모든 것'이라고 할 수 있다. 이를 통해 기업은 매출과 이익을 얻는다.

영업과 마케팅의 역할

《CEO, 영업에 길을 묻다》의 저자 김현철 교수는 "영업은 기업과 고객을 연결하는 것이다."라고 영업을 정의했다. 아래 그림에서 보듯이 영업은 산지와 소비지, 생산과 시장을 잘 조율해야 하는 몸통 부분에 해당한다. 나비가 양 날개를 잘 움직여야 높이, 멀리 날 수 있듯이, 영업이 이 둘을 잘 조율할 때 기업과 소비자 모두가 만족할 수 있다. 만들어진 제품과 서비스를 시장에 잘 전달하고 판매하면서 고객에게 가치를 제공하고, 시장의 흐름을 파악해 잘 판매할 수 있는 제품과 서비스 정보를 기업에 전달해야 한다. 영업은 기업과 고객/시장 간을 연결하는 매개자 역할이다. 이를 통해 고객과 기업 각각에 의미 있는 가치를 제공한다.

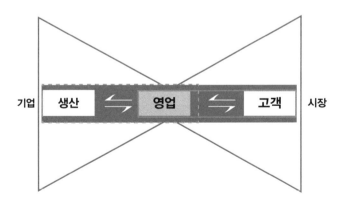

영업의 나비 모델

영어의 'Marketing'이라는 단어는 한국에 들어와 '마케팅'이라는 외래어로 정착을 했다. 그러나 'Sales'는 '영업'과 '판매'라는 2개의 개념으로 나뉘어졌고, 이 2가지 정의가 영업의 개념을 혼란시키고 있다. 나비 모델에서 영업은 판매를 포함하는 개념이다. 판매는 영업의 한 기능일 뿐인 것이다. 판매 전 활동과 판매 후 활동을 포함하여 전체적인 기업과 고객을 연결하는 것이고, 이를 통해 고객의 니즈를 파악하고 가치를 제공하는 것이 영업이다.

이런 측면에서 영업에 대한 부정적인 선입관은 영업을 판매라는 단순 기능만으로 잘못 생각하기 때문이기도 하다. 영업은 판매를 포함한 고객을 향한 가치 제공, 판매 전/후의 활동을 모두 통합하는 개념이다.

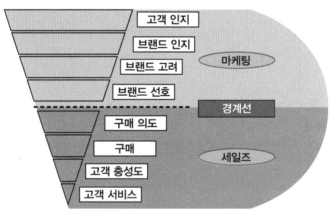

필립 코틀러의 구매 단계

위 그림은 마케팅계 그루인 필립 코틀러(Philip Kotler) 교수가 마케팅과 세일즈의 역할에 관해 2006년 〈하버드 비즈니스 리뷰〉에 게재한 내용이다. 구매 단계에서 마케팅은 더 전략적인 측면에서 접근하고 영업은 구매를 일으키는 실행적인 측면에 접근하지만, 두 기능은 한 목표인 고객가치를 향해 협업해야 한다는 내용을 담고 있다.

같은 목표를 향하는데도 불구하고 영업과 마케팅이 회사 내에서 협업이 아닌, 갈등을 일으키는 일을 종종 보곤 한다. 영업은 마케팅 계획이 시장에 대한 현실을 반영하지 못한다고 손가락질하고, 마케팅은 영업이 고객을 만족시키지 못한다고 탓한다.

갈등은 고객가치라는 같은 목표 아래 두 역할이 조금 달라서 생긴다. 영업의 목적은 고객가치 제공을 통한 매출 창출이다. 마케팅의 궁극적인 목적도 매출을 높이는 것이다. 전략과 실행 면에서 약간의 집중도가 다르기도 하고, 사용하는 전술이 서로 다르기는 하지만 영업과 마케팅의 목표는 같다. 아울러 소비자 고객 영역에서는 마케팅이 주로 발전하고 영업이 따라왔다면, 기업고객 영역에서는 영업이 먼저였고 마케팅이 최근에 와서 발전되었다. 영업의 형태 별로, 기업의 성향 별로 마케팅과 영업은 앞서거니 뒤서거니 하며 기업을 이끌어왔다. 결국 고객가치 제공을 통한 매출 창출이라는 궁극적인 목적을 향해 함께 가는 길에 전술적인 역할의 차이만 있는 것이다.

왜 영업과 마케팅은 갈등을 겪을까

영업과 마케팅은 고객가치 창출을 통해 기업의 목표를 달성한다는 공통 목표를 가지고 이를 위해 서로 조화롭게 협력해야 한다. 그런데 두 부서의 갈등은 꽤 오랫동안 학계와 현장에서 논의되어 왔다. 연구의 한 분야로 '영업마케팅 통합(Marketing Sales Integration)'이라는 개념이 존재하고 다양한 논문이 발표되고 있을 정도이다.

에어컨 브랜드 매니저: 이번 달 벽걸이에어컨 채널 대상 할인율은 10%입니다. 스탠드에어컨 할인율은 12%입니다. 영업직원들은 이번 달 유통정책을 고려해 스탠드에어컨 매출에 더 심려를 기울여주시기 바랍니다.

영업직원: 아니 요즘이 벽걸이에어컨 대목인데 벽걸이 채널 할인율은 전월보다 낮추고, 잘 팔리지도 않는 스탠드에어컨 할인율은 높이면 우리는 어쩌란 말입니까? 경쟁사는 대목이라 벽걸이에어컨 대상 할인율도 높이고 광고 캠페인에도 엄청 투자하던데, 마케팅은 현장도 모르고 뭘 하겠다는 겁니까?

에어컨 브랜드 매니저: 시장과 회사의 입장을 모두 고려한 정책입니다. 가격만 가지고 영업하면 누구나 다 하는 것 아닌가요? 영업부서에서 어떻게 팔지에 대한 영업 전략을 세워야 한다고 생각하는데요. 여러 가지를 고려해서 한 정책이니 영업은 이를 따르고, 가서 열심히 팔아야 합니다. 그게 영업이 할 일이니까요.

영업직원: 그렇게 잘 알면 당신들이 만든 정책가지고 직접 나가서 팔아보세요. 나는 이 정책으로 장사 못합니다!

영업 환경이 어려울 때 어느 기업에서나 볼 수 있는 마케팅과 영업의 대화이다. 이러한 갈등은 왜 일어나는 것일까?

첫째, 전략적인 역할과 실행적인 역할이 강한 두 기능의 미묘한 역할 차이 때문이다. 영업의 역할이 다양하고 복잡해지기는 했지만, 기업의 기본적인 목표는 고객과의 신뢰관계를 바탕으로 한 매출이라는 점에서 그 중요성은 항상 강조되어 왔다. 마케팅의 역할과 중요성은 회사의 규모와 업종 등에 따라 차이가 많이 난다. 두 기능의 중요성에 크게 차이가 없을 경우 갈등이 없지만, 역할 구분이 명확하고 규모가 큰 기업에서는 첨예한 갈등이 일어나기도 한다. 영업과 마케팅의 갈등은 기업의 목표 달성이 원활하게 달성될 때보다 어려워지는 경우에 발생된다. 마케팅부서는 영업부서에게 시장 전체를 보지 못하고 전략이 없다고 하고, 영업부서는 마케팅부서에게 영업 현장은 모르고 탁상공론만 한다고 탓하는 것이다.

둘째, 마케팅과 영업의 업무 수행 행태, 문화의 차이로 일어나기도 한다. 데이터와 논리를 통한 전략 수립이 주 업무인 마케팅부서와 시장에서 고객과의 접점을 통해 직관과 경험에 입각한 의사결정을 주로 하는 영업부서의 업무 수행 행태의 차이가 갈등의 원인이 되기도 한다. 업무 행태가 다르고 이를 지속적으로 수행하다 보면 자연스럽게 구성원의 특성도 달라질 수 있다. 전략적이고 분석적인 마케팅 직원과 고객과의 신뢰 관계가 무엇보다 중요한 영업직원은 서로를 이해하기 쉽지 않다.

셋째, 부서 간의 역할 차이로 인한 회사의 경쟁우위에 대한 관점의 차이도 갈등의 한 원인으로 볼 수 있다. 마케팅 전략을 수립해야 하는 마케팅 직원은 전사적이고, 더 장기적으로 브랜드 중심의 관점에서 업무에 임해야 하며, 시장에서 고객과 접점을 해야 하는 영업직원은 분기 매출 목표의 더 단기적이고 구체적인, 브랜드보다는 고객 관계라는 관점으로 시장에 접근해야 매출과 이익을 발생할 수 있기 때문이다.

사실 역할이 다르고, 업무 수행 행태와 특성에 차이가 있다고는 했지만, 훌륭한 마케팅 직원은 전략적이고 브랜드 중심의 관점을 가질 뿐만 아니라 끊임없이 시장과 교감을 통해 신뢰 관계를 구축해야 만들어질 수 있고, 고객 신뢰 관계와 단기적인 목표만 보는 근시안적인 영업직원은 전략적이고 분석적인 의사결정을 보완해야 고객이 진정으로 신뢰하는 영업직원이 될 수 있다. 결과적으로 '잘 팔고'라는 공통된 목표에서 서로 경쟁우위를 차지하고 싶은 욕구가 갈등을 일으킨 것으로 보여진다.

회사의 본류가 기업고객 대상 영업인 IBM은 1990년대 후반까지 영업직원을 'Marketing Representative'라고 칭했고, 그 이후에 'Sales Representative'로 칭호를 바꾸었다. 지금도 대기업에서 마케팅과 영업을 혼돈해 쓰는 경우가 있으며, 중견기업이나 중소기업에서는 마케팅부서가 영업과 마케팅을 함께 하는 경우도 심심치 않게 있다. 업종과 규모에 따라 혼용되고 있는 영업과 마케팅의 역할, 행태, 특성, 관점의 차이를 바탕으로 한 부서 간의 생존 본능이 만들어낸 갈등인 것이다.

4

영업과 마케팅의 '영점'이 모이는 곳

고객 입장에서 보면 영업과 마케팅부서의 갈등은 이해하기 어렵다. 기업 입장에서 업무를 구분하고 성과를 평가하기 위해 영업과 마케팅을 구분한 것이지, 고객 입장에서는 영업과 마케팅을 구분할 수도 없고 구분할 필요도 없다. 고객은 "나에게 팔기 위한 활동을 영업과 마케팅으로 구분해 진행하는구나." 정도로 이해할 것이기 때문에, 두 부서는 강하게 결속해 고객을 접촉해야 한다.

기업 전략, 사업부 전략, 마케팅 전략은 고객을 전체 시장 혹은 세그먼트 개념으로 접근한다. 이를 기초로 영업직원은 각각의 고객에 맞는 영업 전략을 만들고 실행해야 한다. 특히 마케팅 전략과 영업 전략은 떼려야 뗄 수 없고 고객 접점을 위해 서로의 조화가 중요하다.

영업과 마케팅의 조화로운 협력

마케팅은 마케팅 믹스 전략을 개발해 경쟁 분석, 시장 세분화, 제품 포지셔닝, 가격 정책, 광고 정책 등의 정책과 자료를 고객 접점에 있는 영업부서에 제공해야 한다. 영업은 이를 기반으로 채널 관리, 고객 관리를 통해 현장에서 매출을 만들어내고 고객이 원하는 바를 파악해 마케팅에 피드백 주어야 한다. 매출을 예측하고 타깃 고객을 선정하고 고객에게 필요한 가치를 개발하고 고객에게 메시지를 개발하고, 판촉 활동을 수행하는 등의 업무는 영업과 마케팅이 함께 해야 한다. 영업과 마케팅은 역할이 다른 부서가 아니라 한 방향을 향해 함께 가는 중요한 파트너이자, 한 몸이다.

2016년 8월 디지털 마케팅 인스티튜트(Digital Marketing Institute)의 연구에 따르면, 영업과 마케팅부서 간 비협조로 인한 판매 손실과 마케팅 비용 낭비가 연간 1조 달러에 달한다고 한다. 마케팅에서 발굴된 영업 기회가 매출로 전환되지 않는 비율도 79%에 이른다고 한다. 반면, 영업과 마케팅부서 간에 조화로운 협력이 있는 기업은 계약 클로징률이 최대 67%, 고객 유지율은 최대 26%, 계약 성공률은 최대 38%까지 높았다. 이렇듯 고객 측면, 기업 측면, 재무적인 측면에서 영업과 마케팅부서의 조화로운 협조는 영업주도 조직이 반드시 이루고 유지해야 할 부분이다.

그렇다면 영업과 마케팅의 조화로운 협력을 위해 경영진이 해야 할 일은 무엇인지 알아보자. 첫째, 소통의 활성화이다. 두 부서 간의 활성화된 소통을 위해 합동 회의체를 구성하고 마케팅 전략 수립을 함께하며, 부서 간 순환 근무제를 시행한다. 주요 성과지표를 공유해 마케팅부서는 주요 영업지표를 성과지표에 추가하고 영업부서는 주요 마케팅지표를 성과지표에 포함시키는 것이다. 아울러 교육 프로그램도 공유하고 영업과 마케팅이 함께 보고, 관리하는 고객관계 관리 시스템을 구축하는 것도 필요하다. '세일즈포스닷컴'은 회사 내 고객관계 관리를 하나의 플랫폼에서 운영하도록 하여, 영업과 마케팅부서가 플랫폼 하나로 소통할 수 있도록 했다. 마이크로소프트의 '링크드인'은 영업부서와 마케팅부서를 연결해 좀 더 쉽게 타깃 고객에게 함께 다가갈 수 있도록 했다. 글로벌 기업들은 이러한 플랫폼을 도입 혹은 개발해 한 시스템에서 두 부서가 소통하도록 하고 있다.

둘째, 조화로운 협력에 적합한 조직 구조를 만드는 것이다. 영업부서와 마케팅부서를 총괄하는 조직을 만들어 한 임원이 두 부서의 목표를 동시에 관리하는 조직 구조를 만들고 대기업의 경우 본사 마케팅부서와 별도로 현장형 마케팅팀을 배치하는 것도 소통을 위한 조직 구조에 도움이 된다.

가장 근본적인 이유는 불통이다. 마케팅 직원이 영업 현장을 경험하고 다시 마케팅부서로 돌아오고, 영업직원이 마케팅부서로 옮겨 영업 현장의 목소리도 전달하며 마케팅의 어려움도 느끼고 다시 영업부서로 돌아오는 것을 장려하기만 해도 두 부서의 조화로운 협력은 이루어질 수 있다.

공동의 목표를 향해 가는, 조금은 상이한 역할의 두 기능이 오랫동안 갈등을 이어 왔다. 그러나 최근 글로벌 베스트 기업들은 영업과 마케팅 간의 해빙 움직임을 보이기 시작하고 있다. 이는 영업부서에 고객 세분화와 고객가치 제공 등의 마케팅 개념이 도입되기 시작하면서부터이다. 마케팅부서는 영업부서와 직결된 매출 성장의 능력도 입증해야 하면서 협력이 자연스러워진 것이다. 아울러 이 트렌드는 두 부서 간의 실시간 정보 공유를 가능하게 한 고객관계 관리 시스템 도입을 통해 더욱 활성화되고 있다.

영업주도 조직은 고객이 우선이다. 다른 어떤 측면보다 고객의 입장에서 영업과 마케팅은 한 몸이 돼야 하는 것이다. 영업직원과 마케팅직원이 같은 페이지를 함께 써나가야 한다.

영업과 마케팅이 협력하는 기업의 특성

영업과 마케팅이 조화로운 협력을 하고 있는 기업의 특성을 보자. 조화로운 협력의 조직 구성하기 위한 방안과 구체적인 특성을 필립 코틀러 교수가 정리한 내용이다. 영업 조직 내에 마케팅이 있고 마케팅 조직 내에 영업이 있는, 영업주도 조직의 마케팅과 영업부서의 특성이다. 내가 속해 있는 기업이 이 20가지 기준에 얼마나 해당하는지에 따라 고객의 만족과 회사의 미래에 관한 예측이 가능하다.

1. 회사의 실제 판매액은 판매 예측과 대체로 일치한다.

2. 일이 잘못 되었거나 결과가 실망스러운 경우에도 서로를 탓하거나 비난하지 않는다.

3. 마케팅부서의 직원들은 판매 과정에서 핵심 고객들과 자주 미팅을 갖는다.

4. 마케팅에서는 마케팅 계획을 수립할 때 영업의 참여를 요청한다.

5. 영업직원들은 마케팅에서 제작한 소개 책자가 영업에 큰 도움이 된다고 판단하고 있다.

6. 영업은 마케팅에서 요청한 피드백을 제공하는 데 매우 협조적이다.

7. 영업과 마케팅은 커뮤니케이션 과정에서 서로 이해할 수 있는 공통 용어를 사용한다.

8. 마케팅과 영업의 관리자들은 아이디어 창출, 시장 동향, 제품 개발 등의 전략적인 이슈에 대해 정기적으로 논의한다.

9. 영업과 마케팅은 서로 밀접하게 협력하면서 고객의 구매 행동을 파악한다.

10. 영업과 마케팅은 회의에서 갈등 해소나 위기 관리 등을 논의하는 데 많은 시간을 허비할 필요가 없다.

11. 영업과 마케팅의 관리자들은 향후 2~3년 이내에는 출시되지 않을 제품이나 서비스에 대한 사업 계획을 수립 할 때에도 같이 협의한다.

12. 영업과 마케팅의 성공 여부를 결정함에 있어서 공통된 지표를 사용한다.

13. 마케팅은 핵심 고객에 대한 영업 전략을 수립하고 실행하는 과정에 적극적으로 참여한다.

14. 영업과 마케팅은 초기 시장 조사에서부터 고객 서비스에 이르기까지의 모든 과정을 포괄하는 비즈니스 과정을 공동으로 개발하고 이를 이용해 각자의 활동을 관리한다.

15. 마케팅은 영업 과정에서 산출된 데이터를 분석하고 이를 이용해 각 영업 과정의 예측 가능성과 효과성을 향상시키는 데 크게 기여하고 있다.

16. 영업과 마케팅은 "흥하면 같이 흥하고 망하면 같이 망한다."는 인식을 가지고 있다.

17. 영업과 마케팅은 공통된 한사람의 임원에게 보고한다.

18. 영업과 마케팅 간에 인적 교류가 활발히 이루어지고 있다.

19. 영업과 마케팅은 교육훈련 프로그램, 이벤트, 학습 기회 등을 공동으로 개발해 실행하고 있다.

20. 영업과 마케팅은 상대방이 최고경영진을 대상으로 계획을 보고할 때, 이에 대한 준비와 프레젠테이션 과정에 적극적으로 참여한다.

레노보의 영업-마케팅 협력 성공사례

중국의 글로벌 전자제품 기업인 레노보(Lenovo)는 2년 전부터 시대의 흐름에 맞추어 '소셜 셀링' 영업을 시작했다. 그 이유는 전통적인 기업고객이 급속도로 변화했기 때문이다. 중소기업고객을 대상으로 하는 아웃바운드 텔레마케팅과 메일링은 고객이 관심을 보이지 않았고, 대기업고객의 경우도 레노보가 영업을 시작하기도 전에 대부분의 의사결정을 진행했다. 제안서도 내기 전에 지는 것이다.

이유를 분석하기 위해, 레노보 제품의 고객 의사결정자 그룹을 찾게 되었는데 이들은 상대적으로 젊은 세대이며 제품 구매 의사결정에 큰 역할을 하고 있다는 것을 알게 되었다. 더구나 그들은 소셜 미디어를 이용해 제품에 대한 조사와 구매 의사결정을 레노보가 제안하기도 전에 이미 해버린다는 것도 알게 되었다. 이를 토대로 소셜 셀링에 대한 이해가 어려울 수밖에 없는 이사회와 경영진을 설득해 소셜 셀링의 세계에 뛰어 들었다. 이들 그룹에게 레노보의 가치를 전달하기 위해서는 고객과 함께 변화하고 고객이 사는 소셜 미디어의 세상으로 함께 들어가야 했다.

레노보의 전략은 첫째, 고객에게 가치 있는 콘텐츠를 제공하는 소셜 네트워크상의 '가치 제공자'가 되는 것이다. 고객의 구매의사 결정에 영향을 미칠 수 있는 양질의 콘텐츠를 개발하고, 링크드인과 트위터의 소셜 네트워크를 통해 고객과 관계를 맺어 콘텐츠를 공유했다. 시작한 지 6개월 만에 트위터 팔로워는 60%가량 늘었고 링크드인은 115%의 폭발적인 성장을 이루어냈다.

둘째, 진정한 소셜 셀러가 되는 것이다. 레노버는 소셜 미디어를 통해 고객을 만족시키고 교육시키고 계약을 종결시키고 목표를 맞추는 영업을 수행하려고 시도했다. 가치 있는 콘텐츠 개발과 공유를 통해 소셜 셀링이 자연스럽게 실행되었고 영업직원은 양질의 영업기회를 찾게 되었다. 거래 규모도 늘고 이를 통해 목표를 달성할 확률도 높아지게 되었다. 마케팅은 '링크드인'과 '세일즈 네비게이터'를 이용해 더 많은 가망 고객을 찾아내고 기존의 전통적인 마케팅인 eDM, DM, 텔레마케팅, 이벤트 등의 비용을 38% 가량 줄이면서 매출 목표를 달성할 수 있었다. 발굴된 가망 고객을 통해 다른 제품 라인의 영업을 도울 수 있는 '크로스 셀(cross sells)' 효과까지 얻게 된다.

고객의 변화에 맞추어 소셜 셀링을 도입하고 이를 통해 기업의 목표를 달성한 것이다. 아울러 영업과 마케팅에 모두 혜택이 감으로써 자연스럽게 협력 분위기가 만들어지기까지 했다. 소셜 미디어 전략과 전통적인 영업이 결합되어 레노보는 협력을 통한 성공 사례를 창출해낸 것이다.

아시아태평양 지역의 디지털 영업 리더는 "소셜 셀링이 성공하기 위해 새로운 디지털 세상에서의 영업직원은 마케터와 같을 필요가 있으며, 마케팅 담당자는 좀 더 영업직원화될 필요가 있습니다. 점점 더 많은 영업 과정이 마케팅 책임이 되고, 영업직원의 경우 콘텐츠 개발과 자신의 세그먼트에 대한 마케터로서의 역할을 수행해야 합니다. 마케팅과 영업의 구분에 대한 새로운 시각이 일어나고 있습니다."라고 영업과 마케팅의 협력에 관해 심도 있게 평가했다.

또 하나의 소셜 셀링 성공 요인은 '경영진의 지원'이다. 아시아태평양 지역 마케팅 총괄 임원인 닉 레이놀즈(Nick Reynolds)는 "경영진의 지원이 중요합니다. 고위 경영진은 여러 이유로 새로운 소셜 미디어를 이용한 영업을 지지하지 않으려 했고 결국 데이터에 기반한 보고를 접한 후 지원을 약속했습니다. 지금은 결과에 모두가 만족하고 있습니다."라고 말했다.

기술의 변화에 따른 고객의 의사결정 행태의 변화가 소셜 미디어 기반의 소셜 셀링을 활성화시키고 있다. 경영진의 이해와 전폭적인 지원이 필요한 영역이다. 전통적인 사고로는 이해하기 어려운 영업 접근 방법이기 때문이다.

목표가 동일한 두 조직, 영업과 마케팅은 고객가치 제공과 이를 통한 회사 매출을 달성하자는 동일한 목표에도 불구하고 항상 갈등을 이어왔다. 그런데 소셜 마케팅과 소셜 셀링의 시대가 오며 달라지고 있다. 수요를 만들어내는 소셜 마케팅과, SNS상에서 고객과의 관계를 통해 콘텐츠를 공급하고 계약까지 하는 소셜 셀링의 시대는 마케팅과 영업의 협업 없이 성공을 거두기 힘든 구조이기 때문이다. 또한 이제는 두 부서가 같은 시스템과 플랫폼에서 업무를 할 수밖에 없는 상황이 되었다. 한 영업 기회를 마케팅과 영업이 동일한 시스템에서 계획하고 관리하고 행동하는 세상이 온 것이다.

레노보의 사례가 영업과 마케팅의 협업 모델에 대한 미래의 모습을 보여주고 있다. 영업주도 조직은 부서 간 협력을 통해 최고의 고객가치를 제공하는 조직이다. 기업의 성공을 위해 영업과 마케팅의 협력이 반드시 필요하고 소셜 미디어의 출현은 이를 통해 업무를 수행하는 영업과 마케팅의 협력을 자연스레 이끌어낼 것으로 보인다.

5

냉정한 관점에서
시장을 가르고 합쳐라

　시장 구분 및 관리는 어떻게 해야 하는가? 기본적으로 고객의 문제 및 니즈를 파악하고 해결해야 하기 때문에, 고객 중심으로 시장을 구분해야 한다. 시장을 구분할 때는 시장의 누수를 방지하는 수준으로 고려해야 한다.

　효과적으로 담당 영역을 구분하는 기준에 관해 논의해보도록 하자. 효과적인 담당 영역의 구분은 소비자 고객의 경우 지역으로 구분을 하는 것이 일반적이어서, 여기서는 기업고객의 담당 영역을 구분하는 시장 관리 측면의 방법을 알아보겠다.

효율적인 시장 관리 맵

판매경로 전략 수립을 위해 먼저 시장을 구분하고 관리해야 한다. 시장을 구분하고 관리하는 기준은 무엇일까? 실제로 시장을 구분하고 관리하는 기준은 관계 정립 및 유지 차원과 효율성 차원을 기초로 한다고 볼 수 있다. 시장을 규모로 구분해 500인 이상의 대기업고객군과 중소기업고객군, SOHO(Small Office Home Office)군으로 나누었다. 그렇다면 이 규모로 나눈 고객군의 관리는 어떻게 할 것인가? 관계정립 및 유지 측면에서는 모든 시장을 회사의 영업직원(직접 영업)를 통해 관리하면 좋을 것이다. 그러나 효율성 측면에서는 매출과 수익이 높은 고객 대기업군 외에 중소기업고객군이나 SOHO군을 고비용 경로인 영업직원(직접 영업)으로 통해 관리하는 것은 기업의 손익에 부정적인 효과를 미칠 것이다.

따라서 이 2가지 변수를 고려해 대기업군은 효과성을 목표로 영업직원 중심의 직접 영업을 통해 관리한다. 신뢰를 바탕으로 한 고객관계 관리로 고객에게 해결책을 제시하고 가치를 전달함으로써 다양하고 규모가 큰 영업 기회를 창출하고 이를 통해 기업의 수익원을 확보하는 것이다.

중소기업고객군에서는 효율성을 고려해 대리점 중심의 간접 영업으로 관리하는 것이 필요하다. 대리점 중심의 중소기업고객 군은 한 고객당 수익성 측면에서 대기업고객군과 차이가 있을 뿐만 아니라,

영업의 기회 또한 상대적으로 적기 때문에 마케팅과의 협업, 대리점과의 협업이 매우 중요하다. 수많은 영업 기회를 주먹구구식으로 찾아다니면 투자 대비 효율이 낮을 수밖에 없다. 마케팅과의 짜임새 있는 협업을 통해 마켓 센싱과 데이터베이스 마케팅을 기초로 목표 세그먼트를 정하고, 세그먼트에 맞는 맞춤형 오퍼링을 개발해 캠페인화하는 것이 필요하다. 바다에서 레이더를 통한 데이터 분석과 선장의 경험을 토대로 투망식 어업을 하는 것과 비슷하다고 볼 수 있다.

마케팅의 캠페인을 통해 한번 걸러진 영업 기회를 충성도 있는 대리점에게 전달해 영업 기회를 종결하게 하는 것이 또 하나의 필요한 협업 관리이다. 마켓 센싱과 데이터 분석을 통해 '논리적 투망식 영업'을 진행해야 하는 것이다. 이때 필요한 것 중 하나는 대리점의 고객관계 관리를 도와주는 것인데 책임 상권제를 통해 대리점의 고객관계를 정립하고 유지하는 데 도움을 줄 수 있을 것이다.

삼성전자에서 수도권 지역 중소기업 시장을 책임지고 있을 때이다. 지역 내 수많은 중소기업고객을 효율적으로 지원하기 위해 대리점을 통한 고객 관리가 필수였다. 그런데 대리점을 통한 고객 지원은 우리 직원이 담당하는 직접 영업의 지원 품질과 비교해 낮을 수밖에 없었다. 아무리 훌륭한 대리점이라고 하더라도 그들은 본사의 영업팀과 생각이 다르기 때문이다. 본사는 대리점이 전속 대리점인 디지털플라자가 되기를 원하지만, 실제로 대리점은 할 수만 있다면 다양

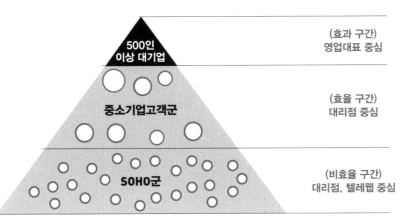

효율적인 관리를 위한 시장 구분 및 관리 맵

한 기업의 제품을 취급하는 하이마트가 되고 싶어 한다. 이를 해결하기 위해 지역을 세분화하고 지역을 책임질 전속 대리점을 지정해 관리하는 책임 상권제를 운영했다. 대리점의 고객관계를 정립하고 유지하는 책임감을 갖게 한 것이다. 단, 책임 상권제 운영 시 반드시 본사 영업직원과 밀접하게 연계해 책임 상권의 대리점이 관계 관리에 소홀하지 못하도록 철저하게 관리하고, 만약 이 부분에 소홀함이 있을 때에는 대리점을 교체하는 초강수를 두어야 했다. 혹은 책임 상권 안에 몇 개의 대리점을 두어 이들이 그 안에서 서로 경쟁하게 하는 방법도 고객 관리의 질을 높이는 데 한몫했다.

중소기업고객군보다 규모가 작고 상대적으로 영업 기회도 더 적은 SOHO군은 중소형고객 방식과 동일한 '논리적 투망식 영업'을 수행한다. 이 세그먼트는 대리점조차도 관심을 덜 가지는 작은 규모이기 때문에, 전화나 인터넷을 통한 텔레웹으로 확보된 영업 기회를 관리하고 확실한 영업 기회만을 대리점에 전달하는 방법을 통해 운영한다.

최근에는 글로벌 기업들이 효율성 측면에 더 비중을 두어, 점점 대리점과 콜센터, 인터넷 중심의 논리적 투망식 영업의 고객 비중을 늘리는 것이 현실이 되었다. 또한 논리적 투망식 마케팅 캠페인을 소셜 미디어를 통해 소셜 마케팅으로 구사하고, 이를 통해 발굴된 영업 기회로 소셜 미디어상의 관계를 맺는다. 이를 유지하고 계약까지 하는 소셜 셀링 기업이 늘고 있다. 마케팅과 영업이 한 목표를 향해 소셜 미디어라는 새로운 기술 매체를 사용하고 있는 것이다. 영업주도 조직의 협업 문화를 가속화시키는 시장의 변화, 영업과 마케팅의 진화이다.

이러한 시장의 구분과 관리는 시장환경의 변화에 따라 조정되어야 하기 때문에 정기적으로 하는 것이 바람직하다. 대개, 연초에 전년 실적과 함께 새해의 시장환경 변화를 고려해 확정하는 것이 합리적인데 이때 고려할 것 중 하나는 중장기적인 고객사의 가치, 영업직원의 지속성이다. 이미 논의한 것처럼 관계는 신뢰로부터 오고, 신뢰는 시간이 필요하기 때문에 주요 대형 고객의 영업직원은 역량뿐만 아니라 지속적인 담당 역할 수행도 고려해야 한다.

충돌과 누수를 예방하라

　기업은 시장이 있어야 한다. 소비자 영업은 통상 점포를 좋은 거점에 만들고 고객이 오게 하는 집객(輯客) 활동을 통해 시장을 만든다. 반면에 기업영업은 기업이 고객이기 때문에 집객 활동이 매우 어렵다. 찾아가는 영업을 해야 한다. 따라서 영업직원으로 하여금 시장의 담당 영업 영역을 정확하게 나누어 모든 기업 시장의 누수를 방지하는 것이 관계 정립 이전에 수행되어야 한다. 시장이 정확히 나누어지지 않은 상태에서 관계 정립이 되면, 빠진 시장이 생기고 누수가 생긴다.

　영업은 고객의 문제 및 니즈를 파악하고 해결책을 제공하는 것이 가장 기본이기 때문에 시장도 고객의 입장에서 나누어야 한다. 따라서 영업직원의 영업 영역은 산업별, 세그먼트별, 시장별, 고객별로 나뉜다.

　- 산업별: 제조, 금융, 통신, 유통, 공공 등

　- 세그먼트별: 자동차, 철강, 은행, 보험, 증권, 방송 등

　- 시장별: 대형고객, 중소형고객, SOHO 등

　- 고객별: 주요 고객별(삼성그룹, LG그룹, KB금융지주, 신한금융지주 등)

　영업 영역을 정확히 나누어 고객의 모든 니즈를 확인할 수 있는

체계를 만들어야 전 시장 및 시장의 영업 기회를 확보할 수 있다. 아울러 영업직원에게는 내 고객과 내 영업 영역에서 일어나는 성공과 실패에 관해 정확한 책임소재를 둠으로써 책임 상권의 개념을 구현할 수 있다. 최근 글로벌 기업들은 나라별로 흩어진 대형고객의 영업 조직을 하나로 합쳐 대형고객의 니즈를 한 조직 안에서 파악하고 부가가치를 제공하기 위해 글로벌 어카운트 제도 운영하고 있다. 영업 영역이 지역을 넘어 고객별 조직으로 개념이 확장된 것이다.

영업 영역은 아무리 정확이 나눈다고 하더라도 충돌 혹은 누수가 있을 수 있다. 더구나 지역을 나누는 것이 아닌 산업별, 고객별로 나누는 영업은 더욱 그렇다. 논리적으로 영업 영역을 정확히 나눈다고 하더라도 운영상의 문제로 인해 충돌과 누수는 있을 수 있다. 예를 들어 금융산업 영업 영역인 우리은행의 자회사로 건물을 관리하는 회사가 있다. 이 고객은 금융산업 영업 영역이긴 하지만, 건물관리회사는 금융산업 영업 영역이 아닌 서비스산업 영업 영역이다. 그렇다면 이 회사를 어느 조직의 영업 영역으로 두어야 할 것인가? 서로 자기 영역이 아니라고 하면 시장의 누수가 생기는 것이고, 서로 내 것이라고 하면 충돌이 생긴다. 효율성 측면에서 보면 누수가 옳아 보이나 고객관계 관리와 영업 기회 창출 측면에서는 충돌이 옳다.

다음 그림은 왼쪽은 영역의 충돌을, 오른쪽은 영역의 누수를 보여준다. 영업 조직들의 영역이 충돌을 할지라도 적극적으로 영업 영역에 임해주어야 시장을 잃지 않고 더 많은 고객을 확보해 관계를 정립/유지할 수 있다. 영업 조직이 각자의 영역을 고집하고 충돌을 예방하기 위해 소극적으로 대처한다면, 시장의 고객을 잃고 그 시장의 영업 기회를 놓치게 된다. 충돌을 두려워하지 않는 적극적인 영업 마인드와 체계가 반드시 필요하다.

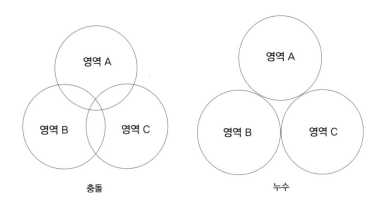

영업 영역의 충돌과 누수

6

고객관계 관리,
게놈 프로젝트처럼

영업을 구분하는 방법은 여러 가지가 있다. 산업에 따라 구분하기도 하고 수주의 형태에 따라 나누기도 한다. 전 세계 모든 기업은 각기 영업을 수행하고 있기 때문에, 영업의 종류를 하나로 통일하는 것은 불가능하다. 일반적으로는 고객의 형태에 따라 기업고객인 경우는 'B2B영업', 일반 소비자 고객인 경우는 'B2C영업'이라고 한다. 고객과 관계의 기간, 밀집도에 따라서는 장기 관계가 중요한 단골 영업인 경우 '관계적 영업', 장기적 관계보다는 단순 거래가 중요한 경우는 '거래적 영업'으로 구분한다. B2C영업의 경우에는 거래적 영업이 많기는 하나 관계적 영업 또한 적지 않다. 은행의 프라이빗뱅킹 영업과 보험 영업이 B2C의 관계적 영업에 속한다. B2B영업은 기업고객 특성상 관계적 영업인 경우가 많다.

관계적 영업은 고객관계 관리가 필수이다. 그러나 거래적 영업도 장기적 관계와 함께할 때 기업에 큰 수익으로 다가설 수 있다는 것을 인지하기 시작했고, 결과적으로 고객관계 관리는 관계적 영업과 거래적 영업 모두에서 필요하고 가치 있는 항목이 되었다.

'관계'에 집중할 때 수익이 창출된다

고객관계 관리(Customer Relationship Management)는 고객과의 관계에 집중해 기업의 매출과 이익을 증진시키는 종합적인 비즈니스 모델이다. 고객을 발굴하고 유지하기 위해 기업은 고객관계 관리 프로세스와 툴을 사용한다. 고객관계 관리에 관한 소프트웨어 툴이 지속적으로 진화되고 있어 지금은 IT와 관련한 시스템과 프로세스로 자리매김했다. 한 플랫폼상에서 고객과 판매자 사이에 정보를 저장하고 공유하고 비즈니스 건을 소통하고 협력하고 거래까지 한다. 모든 영업 기회를 한 시스템에서, 정해진 프로세스에 따라 영업, 마케팅을 포함한 전 부서와 협력 회사까지 함께 입력하고 영업 진행 상황을 확인하고 업무를 수행한다. 이는 최근 모바일 환경으로 구축되었다. 고객관계 관리는 IT 기반의 소프트웨어로 자리매김한 것이다.

클라우드 환경에서 고객관계 관리 시스템을 취급하고 있는 세일즈

포스닷컴의 엔지니어가 한 고객관리 시스템의 발전 방향에 관해 발표했다.

"최근에는 고객과 진행 혹은 종결된 모든 영업 기회가 한 플랫폼에서 관리되고 있습니다. 이 플랫폼에서 마케팅, 영업, 사후 서비스 엔지니어, 파트너 기업, 심지어 고객까지 접근해 정보를 입력 공유하고 이 플랫폼에서 업무를 수행합니다."

이렇게 한 시스템에서 고객관계를 관리하게 되면 이 시스템을 통해 업무 협조와 의사결정을 하는 협업 문화가 쉽게 정착되고, 경영진은 영업 기회 관리의 투명성, 신속성을 얻어 즉각적인 의사결정을 할 수 있게 된다. 고객의 구매 과정을 기업의 판매 과정과 프로세스로 연계시켜 가능한 많은 영업 기회를 발굴, 종결까지 시키는 것이 용이하게 된다. 고객관계 관리를 기반으로 영업 기회 관리 프로세스도 정립하고 이를 시스템과 프로세스에 의해 실행한다.

한 글로벌 기업의 고객관계 관리를 기반으로 한 영업관리 프로세스를 예로 보면, 고객의 의사결정 프로세스인 CVM(Client Value Method) 단계와 연계해 내부 영업 단계를 정립했다. 고객의 구매 의사결정 프로세스의 단계에 내부 영업 단계 과정을 연결시켜 영업직원과 내부 부서의 행동을 규정하고 시스템으로 관리하고 있다.

일본의 한 글로벌 무역회사는 고객관계 관리 시스템인 세일즈포스닷컴을 도입해 개별 시스템 중심에서 고객 및 시장에 대한 통합 조망을 할 수 있게 되었고, 고객 중심의 실시간 정보 축적이 가능해졌다. 당연히 축적된 정보를 통해 즉각적이고 적절한 고객 대응 의사결정이 가능해졌고 본사와 지사, 각 국가의 파트너, 영업과 지원부서 간의 협업이 시스템과 프로세스에 의해 효율적으로 진행되었다.

고객을 중심으로 하는 기업의 운영이 고객관계 관리 시스템을 통해 프로세스로 움직이게 되었다. 복잡해진 고객의 요구와 니즈, 이를 해결하기 위한 기업의 협업 요건을 고려할 때 고객을 만족시켜야 하는 영업주도 조직의 기업은 고객과의 관계 관리도 과학적으로 체계화해야 한다. 이를 통해 고객을 만족시키고 기업은 수익을 극대화할 수 있다.

7

영업만이
─── 협업을 주도할 수 있다

영업부서는 오랫동안 독불장군으로 일하는 외로운 부서였다. 다른 부서에게 대하기 힘들고 낯선 전투부대라 여겨졌다. 영업부서 또한 자신들이 고객을 접하고 경쟁사와 항상 전투를 수행하는 부서, 다른 부서와는 다르다는 생각에 자생력 있는 조직으로 커온 것도 사실이다.

그러던 중 마케팅과 영업 조직의 조화로운 협력 관계가 나타나기 시작했고, 이제는 마케팅과의 조화로운 협력뿐만 아니라 IT부서와 인사 부서, 개발 부서 등 다양한 부서와의 협업이 영업 조직의 성과에 큰 영향을 미친다는 것이 일반화되었다.

영업을 중심에 두고 타 부서와 협업하라

고객관계 관리 시스템을 통해 마케팅과 영업부서가 고객과 관련된 정보를 함께 공유하면서 조화로운 협업이 더 쉬워진 것처럼, IT 부서의 툴은 영업부서의 작업부하를 덜어주고 고객가치 창출에 기여하여 궁극적으로 매출에 도움을 주고 있다. 반면에 영업 프로세스의 세밀한 부분까지 IT가 관리하게 되면서 이전에는 없었던 귀찮은 작업을 IT시스템에 입력하고, 이를 통해 영업직원의 영업 기회와 생산성을 시스템을 통해 관리당하는 애로사항도 부쩍 늘게 되었다. IT 부서와의 협력은 기업의 목표 달성을 위해, 영업부서의 매출과 생산성 제고를 위해 어쩔 수 없이 반드시 필요하게 된 것이다.

탁월한 영업직원을 채용하고 육성하는 것은 영업 조직의 큰 과제가 되었고 이를 위해 영업부서와 인사 부서는 영업인재와 관리자를 경쟁사보다 먼저 발굴하고 선발하여, 이직하지 않도록 동기를 부여하는 영업인재의 개발 육성을 함께 논의하고 협력해야 한다. 영업부서와 인사 부서의 협업 또한 중요한 과제가 되었다.

고객가치를 현장에서 직접 제공하는 것은 영업부서의 주 과제이다. 고객의 문제를 해결해야 고객가치를 제시할 수 있다. 물론 해결하기 쉬운 문제라며 그 가치에 대한 가격은 높지 않을 것이다. 영업부서는 고객가치 제공을 위해 회사 내부의 개발 부서, 기술 부서, 재무 부서 등 다양한 부서와 협력할 수밖에 없어진 것이다. 혼자 수행하는 영업으로는 고객의 니즈를 만족시킬 수 없고, 이는 영업직원의 역량에 소통과 협력이 반드시 포함돼야 한다는 결론에 도달한다.

영업주도 조직 문화가 궁극적으로 달성된 기업이라면, 회사 내 업무는 고객 중심, 영업 중심으로 갈 것이다. 영업주도 조직 문화의 기업은 영업부서의 힘이 생기게 되는 반면, 영업을 도와야 할 타 부서의 시샘도 생기게 된다. 영업직원의 고객 우선주의가 타 부서의 시샘과 소외감으로 인해 소극적인 지원 마인드를 자아낼 수도 있는 것이다. 이런 이유로 영업주도 조직의 영업직원은 서번트 리더십을 개발해야 한다.

영업팀 김 과장: A건설회사 고객에게 호텔 시스템을 제안하고 있어요. 가전제안 팀과 IT제안 팀, 방재보안 팀, 전기 팀이 다 모여 제안서 작업을 하고 있는데 기존에 있던 인텔리전트빌딩 시스템(IBS)과 연결에 전문가가 없습니다. 이번 제안에는 IBS 제안이 빠져 있어 못 하지만, IBS전문가의 전체 시스템 연결에 대한 조언은 필요합니다. 매출은 없지만 도와주세요.

IBS전문가 이 차장: 솔루션이 포함되지 않았다면 내가 도울 필요는 없는데, 김 과장이 전에 A건설회사 IBS 시스템의 유지보수 계약 맺을 때 자기 실적도 아닌데 도와줬던 것이 너무 고마워요. 우리 팀 다 동원해서라도 전체 시스템 연결에 대한 제안을 돕겠습니다.

영업팀 김 과장: 매출도 없는데 정말로 감사드려요. 다음에 IBS시

스템 제안을 포함시키도록 노력하겠습니다.

영업주도 조직이 가질 수 있는 협업에 관한 아름다운 대화이다. 영업주도 조직의 영업팀 김 과장 같은 평소 행동이 없었다면 이 이야기는 반대로 어려운 대화가 되었을 것이다. 마케팅, 인사, 개발, 기술지원, 재무 등 어느 부서든 영업주도 조직의 영업직원은 평소에 서번트 리더십을 가져야 하고 협업의 중심에서 오케스트라 지휘자의 역할을 수행할 수 있는 역량을 개발해야 한다. 물론 회사는 역량 개발을 위한 지원을 아끼지 않아야 한다.

영업주도 협업을 위한 영업직원의 자세

영업주도 조직의 영업직원은 고객의 문제와 니즈를 찾아 내부/외부 전문가와 협력해 고객가치 제안을 하는 컨설턴트이자, 제안한 고객가치를 회사 내부의 인력과 자원을 적절하게 배분해 고객을 만족시키는 오케스트라 지휘자로서의 자세를 동시에 가져야 한다.

영업직원은 고객 중심 기업의, 영업주도 조직의 주인이 되어야 한다. 해결책을 내야 하는 것이다. 솔루션은 혼자 할 수 없다. 복잡한 문제는 절대로 혼자 해결할 수 없다. 단순히 제품을 제공하는 기업은 영업직원 혼자 힘으로도 가능할 수 있다. 오래 전에는 제품 영업이 주였다. 그러나 지금은 고객 중심이다. 고객의 문제와 니즈를 해결해주어야 한다. 해결책은 협업을 통해서 할 수 있다. 협업의 단점은 주인 사공 없이 객 사공만 많을 수 있다는 것이다. 각기 훌륭한 객 사공만 많으면 배가 산으로 갈 수 있다. 협업은 누군가가 주인 사공의 역할을 맡아야 하고 이는 오케스트라의 지휘자처럼 전체를 결집과 조화로 시너지를 내게 하고 시장에서 독보적인 자리를 만들게 된다. 영업직원은 이러한 주인 정신을 가져야 한다. 영업직원은 기업의 모든 자원(제품, 서비스, 마케팅, 재무, 인사, 직속 관리자 및 경영진)을 조화롭게 리드해 시장에서 이겨야 한다.

오케스트라 지휘자는 각각 훌륭한 사공들을 이끌어 청중에게 감동을 주는 주인 사공이다. 관객과 오케스트라 멤버와 약속을 지켜야 하고, 오케스트라의 조화와 협업을 이루겠다는 책임감을 가져야 한다. 연주할 곡에 대해 누구보다도 많이 고민하고 새로운 접근을 해야 한다. 이를 통해 관객(고객)을 감동시켜야 하는 영업의 역할 모델인 것이다. 오케스트라 지휘자와 영업직원과의 공통점을 찾아보자.

첫째, 지휘자는 본인은 연주하지 않지만, 청중의 원하는 것을 만족시키는 역할을 수행한다. 현악기, 목관악기, 금관악기, 타악기를 리드해 전체의 하모니를 만들 뿐이다. 영업직원은 고객과의 관계를 바탕으로 회사의 마케팅팀, 개발팀, 기술지원 팀, 재무 팀 등 고객가치 제공을 위해 여러 부서를 이끌어 고객의 니즈를 만족시키는 역할을 수행한다.

둘째, 각기 전공이 있는 훌륭한 연주자를 리드해야 한다.

오케스트라 지휘자는 각각 훌륭하게 육성된 연주자 그룹을 리드해야 한다. 각각 훌륭한 사공들을 서번트 리더십을 가지고 감싸기도 하고 협박하기도 해야 한다. 물론 훌륭한 연주를 위해 그런다는 것을 그들이 알게 하면서 해야 한다. 영업직원은 각 전공이 있고 개성이 있고 자아가 강한 기술자 그룹, 마케팅팀, 재무 팀을 리드해야 한다. 잘난 체하거나, 겸손하지 않거나, 인내하지 않으면 이들은 움직이지 않을 것이다.

셋째, 지휘자는 전체 악보를 이해하고 각 악기 팀별로 강약을 조절해 하모니를 내게 한다. 지휘자는 시너지를 통해 위대한 아름다움을 창조한다. 영업직원은 고객 혹은 고객 비즈니스와 외부 환경을 정확히 이해하고 전체적인 전략을 가져간다. 그 전략에 따라 여러 팀으로 하여금 각자 강약의 호흡을 유도하고 이를 통해 사업을 따낸다.

넷째, 지휘자는 오케스트라에서는 지휘 역할이지만 대개의 경우 자기 본래의 전공이 있어 연주자를 잘 이해한다. 정명훈 지휘자는 피아노가 전공이었고 베를린 필하모닉 오케스트라 상임지휘자인 사이먼 래틀경은 타악기 전공이었다. 자신의 전공을 통해 이미 음악계에서 입증된 연주자였다. 자기 전공이 있기 때문에 오케스트라 단원을 잘 이해하고 이 전공을 통해 음악을 만들어낸다. 영업직원은 보통 자기 전공이 있었다. 영업직원이 되기 전에 개발자였거나, 엔지니어였거나, 마케터였거나… 이로 인해 고객가치를 제안하는 전체

팀을 잘 이해한다.

　마지막으로, 같은 곡, 같은 오케스트라도 지휘자에 따라 차별화된다. 음악 전문가인 지인들에 의하면 같은 오케스트라가 같은 곡을 연주하는 데도 지휘자에 따라 완전히 다른 감동을 준다고 한다. 엘리야후 인발이라는 지휘자가 서울시립교향악단과 연주한 적이 있었다. 이 지휘자는 런던 필하모닉 오케스트라, 체코 필하모닉 오케스트라 등 세계적인 오케스트라의 상임지휘자를 역임한 거장이다. 브람스 교향곡 1번을 연주했는데, 한 지인은 여러 번 들었던 곡임에도 큰 감동을 받았다고 했다. 서울시립교향악단이 엘리야후 인발이라는 지휘자를 만나 새로운 감동을 만들어낸 것이다. 지휘자의 열정과 능력이 관객에게 새로운 감동을 안겨줬다. 이처럼 어느 영업직원이 고객을 맡느냐에 따라, 어느 프로젝트를 이끄느냐에 따라 그 비즈니스의 결과와 고객의 감동이 다르게 된다.

　영업주도 조직의 영업직원의 자세를 가지려면, 영업직원은 전체를 조망하며 세부에 관심을 가지고 살펴야 한다. 고객이 진정으로 원하는 것을 제공하기 위해 지휘자처럼 조화와 시너지에 대한 책임을 져야 하는 것이다.

　영업주도 조직은 영업부서와 마케팅, 인사, IT부서 등과 협업을 통해 고객가치를 제공하는 내부 프로세스와 시스템의 인프라를 구축하고 실행한다. 또한 영업주도 조직의 영업부서는 오케스트라의 지휘자로서 개발팀, 기술지원 팀, 재무 팀 등과 소통과 협력을 통해 고객에게 고객가치를 제공해야 한다. 진정으로 신뢰가 있고 창의적인 전략이 있고 오케스트라 지휘자로서의 자세를 가진 영업직원이 영업 주도 조직의 첨병이 될 수 있고 고객과 회사를 감동시킬 수 있다.

중소기업, 소상공인, 스타트업도 잘 파는 것이 우선이다

기업의 목적은 이윤 추구이다. 최근에는 이윤 추구에 사회적 책임이라는 비경제적 목적까지 포함하지만, 이는 이윤 추구에 사회적 보상 개념을 추가한 것이지 이윤 추구를 부정하는 것은 아니다. 최대의 이익을 내기 위해서는 기업의 어떤 직능에 투자해야 할까? 과거 우리나라의 고성장기에는 국가가 급속한 성장을 했기에 남들과 비슷하게만 하면 고성장의 배를 함께 탈 수 있었다. 당시에 기업은 벌리는 돈(매출과 이윤)을 어떻게 운용할 것인지, 어떤 회사를 살 것인지, 어떻게 조직을 확장할 것인지 등 재무, 기획, 인사가 영업에 비해 더 중요한 직능이었다.

그러나 이제 막 시작된 저성장 시대에 기업은 무엇보다 돈(매출과 이윤)을 벌어야 생존할 수 있다. 이를 위해 기업경영의 기본인 '잘 만

304

들고 잘 팔고'가 가장 중요한 직능이 되었다. 인사, 재무, 기획은 말 그대로 경영지원의 역할을 하는 부서, 잘 만들어야 하는 생산과 잘 팔아야 하는 영업은 기업의 목적을 달성하는 최전방의 실행 부서가 된 것이다. 이를 반영한 여러 가지 징후들이 발견되고 있다. '잘 만들고'를 반영한 대학의 변화로, 경영학보다 공학을 전공하는 학생들의 취업률이 높아지고 경영학 전공 학생이 공학을 부전공으로 택하는 경우들이 나타나고 있다. 얼마 전까지 공학 전공 학생이 경영학을 부전공으로 택했던 것과 대조된 현상이다. '잘 팔고'를 반영한 변화로는, 중소기업에서 인사 및 재무를 담당하는 경영지원 부서장이 영업을 함께 맡는 경우를 흔치 않게 볼 수 있고 대기업에서도 경영지원부서의 채용이 줄고 상대적으로 영업부서에 대한 채용은 늘고 있는 점 등이다.

그렇다면 벤처, 중소기업, 소상공인 창업의 경우는 어떨까? 4차 산업혁명을 기반으로 한 벤처 창업과 중소기업, 소상공인의 창업은 새로운 기회 창출이라는 면에서 국가의 성장과 청년 실업의 해결책이 될 것을 누구도 부정하지 못할 것이다. 상식적인 수준에서 새로운 기회 창출이라는 창조의 개념은 새로운 아이디어와 새로운 비즈니스 모델을 '잘 만든다'의 개념이다. 구글의 검색엔진 모델과 아마존의 클라우드 모델 등의 '잘 만든다'의 개념은 모든 중소기업 소상공인 창업에 항상 존재할 수 있을까? 그리고 새로운 비즈니스 모델을 만들면 항상 시장에서 성공할 수 있을까? 사실 '잘 만든다'를 통한 스타트업의 성공은 확률적으로 극히 낮다. '잘 만들고'의 역량이 모자란 경우 '잘 팔고'의 영업역량을 통해 창업이 성공을 거둘 수 있고, '잘 만들고'에 성공했더라도 '잘 팔고'가 갖추어져야 창업이 완성되기도 한다.

최고의 아이디어를 바탕으로 한 제품과 탁월한 비즈니스 모델을 갖추었더라도 시장을 읽고 매출과 이윤을 창출하는 영업역량이 없다면, 스타트업의 미래는 밝지 않다. 기술을 바탕으로 한 벤처를 시도하고 새로운 창업을 기획할 때, 신뢰를 바탕으로 지속적인 관계를 만들고, 고객을 이해하고, 창조적이고 전략적인 사고로 고객가치를 제공하며 시장으로 가는 모든 길을 장악해야 한다. 아울러 승부사 정신으로 무장하고, 올바르게 사업을 운영해야 하는 영업역량이 반드시 필요하다. 벤처와 창업도 '잘 팔고'의 영업역량이 없다면 사상누각이다.

새 정부가 중소기업과 벤처기업, 소상공인을 지원하고, 4차 산업혁명을 일선에서 주관할 '중소벤처기업부'를 신설했다. 정부 각 부처에 산재한 중소기업 업무를 통합해 효율성을 제고하고 4차 산업혁명을 진두지휘할 부처의 통합·확대는 경제 전반에 걸쳐 경기부양과 젊은 세대의 기회 창출의 효과가 있을 것으로 보인다.

정부는 새로운 부처를 통해 국민의 창의성이 새로운 창업으로 연결되게 지원하고, 대학은 '잘 만들고'의 역량이 있는 학생을 키워낼

뿐만 아니라 '잘 팔고'의 영업역량을 함께 육성한다면 새 정부가 주창하는 '국민 성장'의 적극적인 청년 실업 해결과 경제 도약에 큰 도움이 되지 않을까? 정부와 학교는 '잘 만들고' 뿐만이 아닌 '잘 팔고'의 투자와 교육 지원에도 적극적으로 임해야 할 것이다

'전사적' 영업 경쟁력을 키워라

고객 중심 영업주도 기업 문화의 혁신은 첫째, 조직의 역량을 혁신하고 둘째, 방법론을 혁신하고 셋째, 시스템과 프로세스를 정립하고 인프라를 확립하는 것으로 이루어진다. 조직과 역량이라는 '하드웨어'를 방법론이라는 '소프트웨어'로 운영하고 시스템과 프로세스라는 '언어'로 소통하는 것이다.

영업주도 기업 구축을 위한 6가지는 기업 전체가 영업주도 조직 문화를 구축하는 것, 기업 전략과 영업 전략을 연계하는 것, 영업직원을 중용하는 것, 최고의 영업 조직을 만드는 것, 영업 윤리를 지키는 것, 전 부서가 고객 제일주의를 지향하는 것으로 정리된다. 6가지의 영업주도 조직 혁신 전략은 경영진의 강력한 지원이 기반이 되어야 한다. 이는 영업부서만의 혁신이 아닌, 기업 전체 차원의 혁신 전략이기 때문이다. CEO의 지휘 아래 기획, 인사, 개발, 마케팅, 영업 등 전 부서가 영업주도 조직 문화를 구축하는 데 몰입해야 한다.

한 분야의 석학으로 오랜 시간 후학들에게 길을 열어주신 교수님이 이렇게 말씀하셨다.

"현장을 잘 아는 사람은 이론을 알려고 하지 않고, 이론에 박식한 사람은 현장을 알려는 노력을 기울이지 않는 것 같아요. 현장과 이론에 모두 박식하다면 사회에 큰 도움이 될 텐데 말이죠. 이 두 분야를 다 안다는 것은 경험이 아니라 공부하려는 자세인 것 같습니다. 잘 모른다고 핑계만 댈 게 아니라 현장의 소리를 들으려 하고 이론을 배우려는 자세가 우리 사회에 필요합니다."

영업주도 조직이라는 개념을 현장의 경험과 일천한 연구를 바탕으로 정리한 이 책은 영업주도 조직과 기업을 직접 경험했던 현장의 내용과 이론을 합친 혁신 전략서이다. 저성장의 초입에 들어선 우리나라 기업들이 영업주도 조직으로 변화하고 혁신하는데 이 책이 일조할 수 있기를 기대한다.

2016년 11월에 출간한 《영업은 배반하지 않는다》가 영업직원의 영업역량에 관한 나의 '제언'이었다면, 이 책은 리더와 리더가 되기 위해 준비하는 독자를 위한 영업주도 조직 관리 측면의 '주장'이다. 이 주장이 영업 기능을 중시하며 영업직원을 중용하는 문화의 기초가 되고, 영업에 대한 좋지 않은 선입관을 가진 취준생 청년들에게 영업의 기회와 미래를 확실하게 보여주고 싶다.

《영업은 배반하지 않는다》의 출간과 시장에서의 좋은 반응으로 만족해하던 내게 이 책을 시작하게 일깨워준 쌤앤파커스에게 감사한다. 첫 책과 이 책 모두 쌤앤파커스의 관심과 애정이 없었다면 세상 구경을 하지 못했을 것이다.

첫 번째에 이은 이 두 번째 시도 역시 빛을 보아 열 번째까지 진화되고 지속되기를 바라며, 영업에 관한 나의 연구와 관심 또한 끊임없기를 간구하며 글을 마친다.

참고문헌

· 김현철, 《CEO, 영업에 길을 묻다》, 한국경제신문, 2009.
· 김현철, 《저성장시대, 기적의 생존 전략-어떻게 돌파할 것인가》, 다산북스, 2015.
· 박찬욱, 《영업 sx관리》, 청람, 2012.
· 임진환, 〈국내 B2B영업 연구의 탐색적 고찰: 미국 및 유럽 B2B영업 문헌 연구 관점을 중심
으로〉, 마케팅논집, 2016.
· 임진환, 《영업은 배반하지 않는다》, 쌤앤파커스, 2016.
· 클라우스 슈밥, 《제4차 산업혁명》, 새로운현재, 2016.

· Anderson, E. Rolph, Alan J. Dubinsky, and Rajiv Mehta, *Personal Selling: Building
Customer Relationships & Partnerships.* Kendall Hunt, 2014.
· Bateman, Connie and Sean Valentine, *The Impact of Salesperson Customer Orienta-
tion on the Evaluation of a Salesperson's Ethical Treatment, Trust in the Salesperson, and
Intentions to Purchase*, Journal of Personal Selling & Sales Management, 2015.
· Cespedes, Frank, *Putting Sales at the Center of Strategy*, Harvard Business Review,
2014.
· Coker, M. Darlene, Edward R. Del Gaizo, Kathleen A. Murray, and Sandra L. Ed-
wards, *High Performance Sales Organizations*, McGraw-Hill, 2000.
· Cron, L. William and Thomas E. DeCarlo, *Dalrymple's Sales Management*, John Wi-
ley & Sons, Inc., 2009.

· Fogel, Suzanne, David Hoffmeister, Richard Rocco, and Daniel P. Strunk, *Teaching Sales*, Harvard Business Review, 2012.

· Hair, F. Joseph, Rolph E. Anderson, Rajiv Mehta, and Barry J. Babin, *Sales sManagement Building Customer Relationships and Partnerships*, Houghton Mifflin Company, 2009.

· Ingram, N. Thomas, Raymond W. LaForge, Ramon A. Avila, Charles H. Schwepker Jr., and Michael R. Williams, *Sales Management: Analysis and Decision Making*, Routledge, 2015.

· Jaramillo, Fernando, Douglas B. Grisaffe, Lawrence B. Chonko, and James A. Roberts, *Examining The Impact of Servant Leadership on Sales Force Performance*, Journal of Personal Selling & Sales Management, 2009.

· Jaramillo, Fernando, Douglas B. Grisaffe, Lawrence B. Chonko, and James A. Roberts, *Examining The Impact of Servant Leadership on Salesperson's Turnover Intention*, Journal of Personal Selling & Sales Management, 2009.

· Johnston, W. Mark and Greg W. Marshall, *Sales Force Management: Leadership, Innovation, Technology*, Routledge, 2013.

· Johnston, W. Mark and Greg W. Marshall, *Contemporary Selling: Building Relationships, Creating Value*, Routledge, 2013.

· Kotler, Philip, Neil Rackham, and Suj Krishnaswamy, *Ending the War Between Sales and Marketing*, Harvard Business Review, 2006.

· Lim, Jinhwan, *Research on the Consultative Selling Competencies of B2B Salesperson: IBM's Case*, Korea Corporation Management Review, 2016.

· Malone, Chris, and Susan Fiske, *The Human Brand*, Jossey-Bass, 2013.

· Orr, M. Linda, *Advanced Sales Managementm*, Routledge, 2012.

·Rodriguez, Michael, Earl D. Honeycutt, and Charles Ragland, *Preliminary Investigation of Entertainment Strategies Involving Alcohol: Implications for Professional Sales Education and Training in Business Markets*, Journal of Business-to-Business Marketing, 2015.

· Russell, F. Robert, *The Role of Values in Servant Leadership*, Leadership & Organization Development Journal, 2001.

· Schultz, J. Roberta J, Charels H. Schwepker, and David J. Good, *An Exploratory Study of Social Media in Business-to-Business Selling: Salesperson Characteristics, Activities and Performance*, Marketing Management Journal, 2012.

· Schwepker Jr., H. Charles and David J. Good, *Moral Judgment and its Impact on Business-to-Business Sales Performance and Customer Relationship*, Journal of Business Ethics, 2011.

· Schwepker Jr., H. Charles and Roberta J. Schultz, *Influence of the Ethical Servant Leader and Ethical Climate on Customer Value Enhancing Sales Performance*, Journal of Personal Selling & Sales Management, 2015.

· Spiro, L. Rosann, Gregory A. Rich, and William J. Stanton, *Management of a Sales Force*, McGraw-Hill, 2002.

· Stewart, A. Thomas, and David Champion, *Leading Change from the Top line*, Harvard Business Review, 2009.

· Treace, R. John, *Nuts & Bolts of Sales Management*, Emerald Book Company, 2011.

· Zoltners, A. Andris, Prabhakant Sinha, and Greggor A. Zoltners, *The Complete Guide to accelerating sales force performance*, AMACOM, 2001.

· Zoltners, A. Andris, Prabhakant Sinha, and Greggor A. Zoltners, *Sales Force Design for Strategic Advantage*. PALGRAVE MACMILLÁN, 2004.

· Zoltners, A. Andris, Prabhakant Sinha, and Greggor A. Zoltners, *Building a Winning Sales Management Team*, ZS Associates, Inc., 2012.

· 'What defines a successful sales strategy in the Fourth Industrial Revolution?' https://diginomica.com/2017/08/15/defines-successful-sales-strategy-fourth-industrial-revolution/

· '5 Simple Ways To Achieve Marketing & Sales Alignment' https://digitalmarketinginstitute.com/the-insider/24-08-16-5-simple-ways-to-achieve-marketing-sales-alignment

· 'How Harley-Davidson Used Artificial Intelligence to Increase New York Sales

Leads by 2,930%'

https://hbr.org/2017/05/how-harley-davidson-used-predictive-analytics-to-increase-new-york-sales-leads-by-2930

· '6 Major Trends in B2B Sales'

http://www.business.com/articles/danny-wong-b2b-sales-trends/

· 'How Lenovo's social strategy is helping bridge the marketing/sales divide'

http://www.cmo.com.au/article/621502/how-lenovo-social-strategy-help-ing-bridge-marketing-sales-divide/

· '4 trends: The future of sales'

http://www.drugstorenews.com/article/-trends-future-sales

· 'How social selling helped Lenovo reap dividends'

https://www.enterpriseinnovation.net/article/how-social-selling-helped-leno-vo-reap-dividends-142508018

· '5 B2B Sales Trends to Watch in 2017'

http://www.equities.com/news/5-b2b-sales-trends-to-watch-in-2017

· 'The State of Social Selling in 2016'

http://www.feedbacksystems.com/state-social-selling-2016

· 'Effective Sales Talent, The Elusive Dream'

https://www.forbes.com/sites/groupthink/2017/06/21/effective-sales-talent-the-elu-sive-dream/

· 'Scott Cochran: Internal competition is killing your business'

http://www.goupstate.com/news/20170820/scott-cochran-internal-competi-tion-is-killing-your-business

· 'SOCIAL SELLING IS BIGGER THAN LINKEDIN'

http://www.salesforlife.com/blog/social-selling-is-bigger-than-linkedin

저자 소개

임진환

'실무'와 '이론'을 겸비한 국내 유일의 영업전문가이자, '기업영업의 신화'로 평
가받는다. 영업인재가 지녀야 할 역량을 제시한 그의 첫 책《영업은 배반하지
않는다》는 '영업 책은 안 팔린다'는 편견을 깨고 경제경영 최고의 베스트셀러
에 오르며, 명실상부하게 영업을 기업경영의 중심으로 옮겨놓았다.

서울대학교 경영학과를 졸업한 후, 뉴욕주립대학교에서 경영학 석사를 마쳤고
2017년 2월 서울과학종합대학원에서 영업 마케팅 전공으로 경영학 박사학위
를 취득하였다. 25년간 IBM, 삼성전자, HP, 한화그룹의 영업현장을 진두지휘
하며 천문학적인 규모의 성과를 거두는 등 기업영업의 새로운 영역을 열었다.
그런 능력을 인정받아 30대에 IBM의 임원으로 발탁되며, 영업전문가들의 롤
모델로 떠올랐다.

IBM에서 금융기관 솔루션 영업을 하며 국내 최초로 IT서비스 계약 수주, 글로
벌 어카운트 제도를 기획·담당했다. 이 과정에서 단일 고객에게만 1,000억 원
의 매출을 기록하는 성과를 올렸다. 30대에 IBM 영업직 프로패션 리더(상무)로,
40세에 삼성전자 B2B미래전략 TF장(상무)으로 스카우트되며 승승장구했다. 특
히 삼성전자에서는 B2B영업 조직 구축에 일조했으며, 솔루션 사업을 성공적으
로 안착시키는 데 초석을 다졌다.

현재는 가천대학교 교수로 재직하고 있다. 매해 꾸준히 영업연구 논문을 학술
지에 게재하는 등 현장 경험을 기초로 영업과 유통, 마케팅, 사업 혁신 및 전략
등 다양한 부문의 리더를 육성시키는 영업 방법론과 영업 혁신을 연구하며, 제
대로 된 영업의 진실을 전파하는 데 몰두하고 있다.

임진환's 영업이야기
https://www.facebook.com/PaultheSalesEvangelist

영업주도 조직

2018년 2월 2일 초판 1쇄 | 2020년 4월 29일 7쇄 발행

지은이·임진환
펴낸이·김상현, 최세현 | 경영고문·박시형

책임편집·김형필, 조아라, 양수인 | 디자인·임동렬
마케팅·양근모, 권금숙, 양봉호, 임지윤, 유미정
경영지원·김현우, 문경국 | 해외기획·우정민, 배혜림 | 디지털콘텐츠·김명래
펴낸곳·(주)쌤앤파커스 | 출판신고·2006년 9월 25일 제406-2006-000210호
주소·서울시 마포구 월드컵북로 396 누리꿈스퀘어 비즈니스타워 18층
전화·02-6712-9800 | 팩스·02-6712-9810 | 이메일·info@smpk.kr

ⓒ 임진환(저작권자와 맺은 특약에 따라 검인을 생략합니다)
ISBN 978-89-6570-555-0 (03320)

쌤앤파커스(Sam&Parkers)는 독자 여러분의 책에 관한 아이디어와 원고 투고를 설레는 마음으로 기다리고
있습니다. 책으로 엮기를 원하는 아이디어가 있으신 분은 이메일 book@smpk.kr로 간단한 개요와 취지,
연락처 등을 보내주세요. 머뭇거리지 말고 문을 두드리세요. 길이 열립니다.